论语

卷三

[春秋]孔子 著
李楠 编译

子路第十三

【原文】

子路问政。子曰：『先①之劳②之。』请益③。曰：『无倦④。』

仲弓为季氏宰，问政。子曰：『先有司，赦小过，举贤才。』曰：『焉知贤才而举之？』子曰：『举尔所知；尔所不知，人其舍诸⑤？』

子路曰：『卫君⑥待子而为政，子将奚⑦先？』子曰：『必也正名⑧乎！』子路曰：『有是哉，子之迂⑨也！奚其正？』子曰：『野哉，由也！君子于其所不知，盖阙⑩如也。名不正，则言不顺；言不顺，则事不成；事不成，则礼乐不兴；礼乐不兴，则刑罚不中⑪；刑罚不中，则民无所措手足。故君子名之必可言也，言之必可行也。君子于其言，无所苟⑫而已矣。』

樊迟请学稼⑬。子曰：『吾不如老农。』请学为圃⑭。曰：『吾不如老圃。』樊迟出。子曰：『小人哉，樊须也！上好礼，则民莫敢不敬；上好义，则民莫敢不服；上好信，则民莫敢不用情。夫如是，则四方之民襁⑮负其子而至矣，焉用稼？』

子曰：『诵《诗》三百，授之以政，不达[16]；使于四方，不能专对[17]；虽多，亦奚以[18]为？』

【注释】

①先：领先。

②劳：劳作。

③益：增加。

④倦：厌倦。

⑤舍：放弃。诸：之乎二字的合音。

⑥卫君：卫出公辄。

⑦奚：疑问词，何。

⑧正名：正名分，纠正被改变了的名分。

⑨迂：迂腐，不合时宜。

⑩阙：对疑难不解的事，不妄加评论。阙，同『缺』。

⑪中：得当。

⑫苟：随便。
⑬稼：种植谷物。
⑭圃：种菜蔬、花草的园子或园地。
⑮襁：背小孩子的宽带子。
⑯达：通达事理。
⑰专对：独自对答。
⑱以：用。

【译文】

子路问为政之道。孔子说：『身先百姓，勉励他们耕作。』子路请多讲一点，孔子便说：『这样做永不懈怠。』

仲弓担任季氏的家宰，向孔子问如何管理政事。孔子说：『给下级官吏带头，宽赦别人的小过失，选拔优秀人才』仲弓说：『怎样去发现优秀人才，从而将他们选拔出来呢？』孔子说：『选拔你所了解的。你所不了解的，别人难道会埋没他们吗？』

子路问孔子说：『假如卫君等您去治理国家，您将先从哪里着手呢？』孔子说：『首先必须是纠正名分上的用词不当吧！』子路说：『您真的迂腐到这个地步吗！为什么要去纠正呢？』孔子说：『仲由啊，你太粗鲁了！君子对于他所不知道的，一般采取存而不论的态度。如果用词不当，说话就不会顺当；说话不顺当，事情就办不成；事情办不成，国家的礼乐制度就建立不起来；礼乐制度建立不起来，刑罚就不合理；刑罚不合理，百姓就会手足失措。所以君子使用一个名号必须说得准确，说出来就可以行得通。君子对于他所说的话，是一点马虎都没有的。』

樊迟请求学习种庄稼。孔子说：『我比不上老农民。』又请求学习种蔬菜，孔子说：『我比不上老菜农。』樊迟出去后，孔子说：『樊迟真是小人啊！如果在上位者讲求礼制，就不会有百姓不尊敬他；如果在上位者讲求道义，就会不会有百姓不服从他；如果在上位者讲求信用，就不会有百姓不讲真话。能做到这样子，其他地方的百姓就都会背着小儿女来归附，还用得着自己种庄稼吗？』

孔子说：『熟读了《诗经》三百篇，把政事交给他治理，他办不通；派他出使外国，他不能独立进行外交谈判和酬答——即使读得多，又有什么用呢？』

【品读】

『必也正名』这一治世思想，自古到今都有极深的影响，『师出有道』『师出有名』都是这一原则的沿用。『名正则言顺，言顺则事成』在孔子这里是一条堂堂正正的『说道』，要求为人、从政、做学问都要踏踏实实地先把名分、概念弄清楚，使事情本身合情合理。

【故事】

三国时期的曹操之所以能在群雄纷争、诸侯割据的局面下迅速崛起，傲立于其他政治、军事集团之上，形成三国鼎立之势，与他灵活运用『名正则言顺，言顺则事成』的策略有很大关系。

曹操当年矫诏联络的十几路大军讨伐董卓不成，纷纷离去，各军阀趁朝廷动乱、无暇顾及，彼此争城夺地混战开来。今天是袁绍打公孙瓒，明天是孙坚击刘表，后天是曹操攻陶谦，然后袁术袭刘备，再是吕布战完曹操又攻刘备，你争我夺，互不相让。

这时的曹操，正在许昌一带发展势力。他的谋士们看到汉朝天子几经辗转，如今初定洛阳，正需要人扶持。尽管汉朝天子已无能力行令天下，但却有它特殊的作用，尤其是对曹操这样想成大事而眼下势力还不够雄厚的人，于是谋士们便极力建议曹操西进洛阳『护驾』。有个谋士对曹操说：『春秋时，晋文公迎周襄公，终于当上了霸主；秦朝末年，汉高祖为义帝发丧佩孝，争得天下人心。近年来董卓作乱，皇上蒙难，是将军您首先起义兵，只是因为关东诸军彼此兼并战乱，您才没能远上关中去辅佐朝廷，但天下人还是知道您有效忠皇上的心。现在皇上已经到达洛阳，忠义之士思念汉朝，黎民百姓也怀念过去的日子，将军若此时能去保驾，下可顺从民众的愿望，上可以宾服四方的豪杰。至于皇上周围那几个武将不过是盗贼之流，不值得顾虑。如果万一失去了这个机会，让别人抢先把皇上接走，那就悔之晚矣！』曹操一听十分有道理，就带领本部人马来洛阳『护驾』，随后又把汉献帝『请』到许昌。

挟天子幸许昌，令曹操喜出望外。他在许昌大兴土木盖起宫殿，请献帝入宫；又修建宗庙，便于天子祭祀先皇，大有匡扶汉室之势。献帝对此感激不尽，遂封曹操为大将军，地位在三公之上。

天子既已在自己手中，曹操便想试试这张王牌的威力了。当时各地军阀中，以袁绍为最强，曹操原来还是袁绍的属下。曹操让汉献帝下一道诏书，责备袁绍地大兵多，却不思朝廷，只一心树立私党，扩充势力，意欲何为？袁绍一见此诏书，果然不敢怠慢，连忙上书申辩并表示愿意效忠朝廷。

曹操牛刀小试即获成功，深感挟天子以令诸侯比自己东拼西杀省力得多也管用得多。从此，曹操奉天子以令诸侯的把戏越来越多，给他带来的好处也越来越大。

【原文】

子曰：『其身正，不令而行；其身不正，虽令不从。』

子曰：『鲁卫之政，兄弟也。』

子谓卫公子荆①，『善居室②。始有，曰：「苟合矣。」少有，曰：「苟完矣。」富有，曰：「苟美矣。」』

子适③卫，冉有仆④。子曰：『庶⑤矣哉！』冉有曰：『既庶矣，又何加焉？』曰：『富之。』曰：『既富矣，又何加焉？』曰：『教之。』

子曰：『苟⑥有用我者，期月⑦而已可也，三年有成。』

子曰：『「善人为邦百年，亦可以胜残去杀⑧矣。」诚哉是言也！』

子曰：『如有王者⑨，必世⑩而后仁。』

【注释】

①公子荆：卫国大夫，字南楚，卫献公之子。

②善居室：善于料理居家之事。

③适：往，到。

④仆：驾车的人。

⑤庶：众多。这里指人口众多。

⑥苟：假使，如果。

⑦期月：一整月；一整年。这里是一整年的意思。

⑧胜残去杀：使凶暴的人化而为善，因而可以废除死刑。胜残，遏制凶残的人。去杀，不用刑杀。

⑨王者：指统一天下的贤王。

⑩世：一世为三十年。

【译文】

孔子说：『在上位者只要自己行为端正，不用发布命令，事情也行得通；如果他自己行为不端正，即使发布命令，百姓也不会信从。』

孔子说：『鲁国和卫国的政治情形，就像兄弟般相似。』

孔子提到卫国的公子荆，说：『他善于居家度日。刚有了点财产，他就说：「差不多够了。」再稍多一点，他就说：「差不多完备了。」再多一点，他就说：「差不多完美了。」』

孔子到卫国去，冉有担任驾车的人。孔子说：『卫国人口好多啊！』冉有说：『人口多了后，又该怎么办呢？』孔子说：『让他们富起来。』冉有说：『已经富了，又该怎么办呢？』孔子说：『教育他们。』

孔子说：『假如有人用我治理国政，一年时间就可以推行我的政教，三年时间就可以见成效。』

孔子说：『「连续一百年由善人治国，也就可以克服残暴，免除杀戮了。」这话说得确实对啊！』

孔子说：『假如有人受命为王，必须经过三十年，才能完成仁政。』

【品读】

为政之道，在于以身作则，身教重于言教。相信只要自己带头做在前面，身先士卒，那么老百姓就会和你同甘共苦，付出劳力也心甘情愿。

『政者，正也。』执政者自身品行端正就是无声的命令，能使百姓心悦诚服地贯彻他的政令，得到百姓的拥戴。以身作则，这是自古以来执政者都必须做到的治国原则。否则上梁不正下梁歪，国将不国。类似的这种历史教训，人们看得难道还少吗？

孔子心中为政者的『修养』，虽难免包含着特定的历史内容，但单就为强调通过提高自身素质以取得良好政绩这一点而言，不失为一条具有借鉴意义的建议。

倘若为政者自己不能端正行为做出表率，那么他的『命令』就没有人会放在眼里。反之，作为一个领导、一个当政者，倘若自己品德端正，率先示范，自然就能引导群众、教育群众、改良社会风气。即使作为一个普通人，品行端正的效果也是很明显的，它能使一个人在某个群体中自然而然地树立威信。

【故事】

四千多年前，在中国大地上出现了一位『舍己忘家治洪水，劳心焦思画九州』的英雄人物，这位英雄人物就是大禹。大禹之所以能取得治水的巨大成功，除了他的聪明才智、充沛精力、勤谨办事等因素，最为重要的就是他具有身先士卒、吃苦耐劳、艰苦奋斗的精神，尤其是有为天下公益而不惜牺牲私利的奉献精神。一句话，大禹自身『正』，故而能率领和组织民众整治水患，造福社会。

相传，在尧、舜为部落联盟首领的时代，滔天的洪水淹没了平原。为了解除水患，尧帝任用禹的父亲鲧去负责治水。鲧采用修堤筑防的办法，非但未能奏效，反而越堵水位涨得越高，结果水势迅猛，危害更甚。舜继承尧的职位后，便免去了鲧治水的职务，并把他放逐到羽山（今山东郯城），派鲧的儿子禹继续治水。

大禹对于舜贬斥他父亲毫不记恨，接受了委派，开始了艰辛的治水工程。

大禹和涂山氏女结婚后的第四天就毅然离家去治水。儿子启出生后，他也顾不上回去看一看，一心扑在治水事业上，在外面整整苦干了八年。他亲自参加劳动，手从未离开耒锸，总是打着赤

脚，栉风沐雨，脸孔变黑了，小腿上的汗毛被耒锸磨光了，脚都变形了。禹在外治水八年，曾经三次路过自己的家门，竟一次也没有进去看一看。

在这旷日持久的工程中，大禹若没有身先士卒，以自身吃苦耐劳的行动来鼓励、带动民众，要让民众与大禹同心同德，共同展开如此宏大的治水工程是难以实现的。

【原文】

子曰：『苟[1]正其身矣，于从政乎何有？不能正其身，如正人何？』

冉子退朝。子曰：『何晏[2]也？』对曰：『有政。』子曰：『其事也。如有政，虽不吾以[3]，吾其与[4]闻之。』

定公问：『一言而可以兴邦，有诸[5]？』孔子对曰：『言不可以若是其几[6]也。人之言曰：「为君难，为臣不易。」如知为君之难也，不几乎一言而兴邦乎？』曰：『一言而丧邦，有诸？』孔子对曰：『言不可以若是其几也。人之言曰：「予无乐乎为君，唯其言而莫予违也。」如其善而莫之违也，不亦善乎？如不善而莫之违也，不几乎一言而丧邦乎？』

叶公问政。子曰：『近者悦[7]，远者来。』

【注释】

①苟：如果。

②晏：迟。

③以：用。

④与：参与。

⑤诸：『之乎』二字的合音。

⑥几：几乎，近乎。这里是接近的意思。

⑦悦：高兴，愉悦。

【译文】

孔子说：『只要自己行为端正了，对于治理政事还有什么困难？假如自己行为不能端正，又怎能使别人端正呢？』

冉有退朝回来，孔子说：『今天为何回得这么晚？』冉有回答说：『有政务。』孔子说：『那大概是事务吧！如果有政务，我虽然不再任职了，我也应该知道的。』

鲁定公问孔子说：『一句话可以使国家兴盛，有这样的事吗？』孔子回答说：『话不可能有这样绝对的。不过，人们常说：「做君难，做臣也不容易。」假如知道做君的艰难（而努力去干），岂不近于一句话而使国家兴盛吗？』定公又问：『一句话可以使国家灭亡，有这样的事吗？』孔子回答说：『话不可能有这样绝对的。不过，人们常说：「我对做国君不觉得什么快乐，只是我说什么都没人敢违抗我。」假如说得对而没有人违抗，不也很好吗？假如说得不对而没有人违抗，岂不近于一句话而使国家灭亡吗？』

叶公问为政之道。孔子说：『使境内的人高兴，使境外的人归附。』

【品读】

对于掌握权力的人来说，个人的德行与治国平天下有莫大关系，能正其身就能正其民。做官的应该以其自身的修养和道德的力量去感召百姓，对部下来讲，领导者的举动、态度和行动会引导和鼓励部下，如此一来，组织就会更加牢固。

『责人易，律己难』，这是许多人的通病。当对别人的不良言行深恶痛绝时，应先看一下自己是否有类似的缺点，以做到『有则改之，无则加勉』，一味要求别人不如先反思自己。如果人人都能先『正己』，从现在做起，从点滴做起，那和谐社会的形成也就指日可待了。

【故事】

南北朝时，北魏的东清河郡山区出了很多强盗，朝廷诏令齐州长史房景伯担任东清河郡太守进行剿匪。东清河郡的刘简虎以前曾经对房景伯有过无礼行为，得知房景伯来任太守后举家逃亡。房景伯四处搜捕，将他抓获后却任用他的儿子为西曹椽，让他去晓谕山贼。强盗们见房景伯如此宽宏大度，不念旧恶，全都相继出来投降了。

房景伯的母亲崔氏，通晓经学，知情达理。贝丘有一妇人状告自己的儿子不孝顺，房景伯把这事告诉了他母亲，他母亲说：『我听说百闻不如一见，山民不知礼义，没必要给予太严厉的处分。』于是招来这个妇人，同她在一张餐桌上吃饭，让这个妇人的儿子侍立在堂下，以使他观看太守如何供奉母亲进食。不到十天，这个不孝的儿子悔过了，请求回家。

崔氏对儿子说：『他虽然在表面上觉得惭愧了，但心里却未必如此，还是继续留在这里吧。』又过了二十多天，这个妇人的儿子磕头乞求回家，他母亲也流着泪请求，这才放他们回去。后来这个不孝之子以孝顺而闻名天下。

这位聪慧的母亲崔氏就是通过自己儿子的行为来给对方树立榜样，比当面说教更有效。

【原文】

子夏为莒父①宰，问政。子曰：『无欲速，无见小利。欲速，则不达；见小利，则大事不成。』

叶公语孔子曰：『吾党有直躬者②，其父攘③羊，而子证④之。』孔子曰：『吾党之直者异于是：父为子隐，子为父隐。——直在其中矣。』

樊迟问仁。子曰：『居处恭⑤，执事敬⑥，与人忠。虽之⑦夷狄⑧，不可弃也。』

子贡问曰：『何如斯可谓之士矣？』子曰：『行己⑨有耻，使于四方，不辱君命，可谓士矣。』

曰：『敢问其次。』曰：『宗族称孝焉，乡党称弟⑩焉。』

曰：『敢问其次。』曰：『言必信，行必果，硁硁⑪然小人⑫哉！——抑亦可以为次矣。』

曰：『今之从政者何如？』子曰：『噫！斗筲之人⑬，何足算也？』

子曰：『不得中行⑭而与之，必也狂狷⑮乎！狂者进取，狷者有所不为也。』

子曰：『南人有言曰：「人而无恒，不可以作巫医。」善夫！』

『不恒其德，或承之羞。』子曰：『不占而已矣。』

【注释】

①莒父：鲁国的一个城邑，现已不确定其所在。《山东通志》认为在今山东高密县东。

②直躬者：以直道立身的人。

③攘：窃，偷。

④证：告发。

⑤居处恭：平日在家态度端庄恭敬。

⑥执事敬：办事严肃认真。

⑦之：动词，到。

⑧夷狄：我国古代称东方和北方的少数民族为夷和狄。

⑨行己：自己的行为。

⑩弟：同「悌」，尊敬兄长。

⑪硁硁：喻指行为固执。

⑫小人：孔子认为不问是非黑白，一味坚持「言必信，行必果」，这是固执而浅薄的小人。

⑬斗筲之人：斗是古代的量器，筲是古代的饭筐，能容五升。斗筲譬如度量和见识的狭小。

⑭中行：指言行合乎中庸的人。

⑮狂：指志大激进而又不能完全做到的人。狷：指性情正直不肯同流合污的人。

【译文】

子夏担任莒父的邑宰，向孔子问如何治理政事。孔子说：『不可求速成，不可只顾小利。求速成，就达不到目标；只顾小利，就办不成大事。』

叶公告诉孔子说：『我们那里有个正直的人，他父亲偷了羊，他便告发。』孔子说：『我们那里正直的人与这些不同：父亲为儿子隐瞒。——儿子为父亲隐瞒。——正直就在这里头了。』

樊迟询问仁。孔子说：『平日在家态度端庄恭敬，办事严肃认真，对待别人要忠诚。即使到别国去，这几种品德也是不能被废弃的。』

子贡问道：『怎样才可以称为士呢？』孔子说：『对自己的行为有羞耻之心，出使他国能不辜负国君的使命，这就能称为士了。』

子贡说：『请问再比这差一等的。』孔子说：『宗族称赞他孝顺父母，乡里称赞他恭敬兄长。』

子贡说：『请问再比这差一等的。』孔子说：『言语一定信实，行为一定坚决果断，这是不问是非黑白而只管自己贯彻言行的小人呀！但也能算是差一等的士了。』

子贡说：『现在从事执政的人怎么样呢？』孔子说：『咳！这种度量和见识狭小的人，算得什么呢？』

孔子说：『不能和言行合乎中庸的人交往，必然要与狂狷之人交往了。激进者一意向前，狷介者也不肯做坏事。』

孔子说：『南方人有句话是：「人如果没有恒心，不可以作巫医。」说得很好呀！』（《易·恒》的爻辞说：）『三心二意，翻云覆雨，就可能招致羞辱。』孔子说：『这句话是叫无恒心的人不必去占卦了。』

【品读】

『欲速则不达』是孔子的一句名言。在这里，孔子劝告子夏从政不要急功近利，不要贪图小利，否则做不成大事。任何事情都有自己的发展规律，不按规律行事，只为求快，定然大事难成。这个道理，不仅为政要注意，做任何事情都应注意。不因求快而违背规律，不因追逐小利而影响大业。

人生在世，要成就一番事业，想求快，就很难干大事业；要干大事业；就得有非凡耐性。在朝着大目标前进的过程中，也许没有康庄大道可走，有的只是荆棘密布、险象丛生道路。不经过艰苦卓绝的斗争，不可能到达胜利的彼岸。而且常常是目标越宏大，要走的路就越长，碰到的困难就越多。所以，干大事就不能为蝇头小利所诱惑，远大的目标才是我们奋斗的理由。

【故事】

三国时期，刘备占据荆州，挺进四川，经过艰辛的斗争，好不容易在蜀地称帝。是时三国鼎立的态势虽已形成，但曹魏强大、吴蜀两国相对弱小的格局并未被打破，周围少数民族经常袭扰蜀地，国家初立更是百废待兴、百业待举。刘备要大展宏图，本应凭借天时、地利、人和的良机，或在自己的领地里励精图治，稳固基业，或加强吴蜀联盟，一致北面抗魏。可是由于东吴利用关羽骄傲的心性，赚取了荆州，并杀了关羽，使刘备悔恨交加，决计举倾国之兵，东出伐吴，企图消灭吴国，为他的二弟关羽报仇。

诸葛亮见此情形，便率领文武百官当面劝谏。刘备不听，后来诸葛亮又专门写成奏章，讲明伐吴的害处，刘备也置之不理。学士秦宓再谏，刘备甚至要砍他的头。诸葛亮等人也只好由他去了。

于是刘备亲自率领七十五万大军，出师伐吴。起兵之时，浩浩荡荡的蜀军气势恢宏，斩将夺关。此时东吴的大将周瑜、鲁肃、吕蒙已先后身故，孙权在危急之时，拜一儒生陆逊为大都督，统率东吴六郡八十一州兼荆楚诸路军马，并郑重地嘱托道：『京城以内的事，我自己主持；京城以外所有疆土上的事，由你决策。』

刘备进军之际，打了几个小胜仗，已是喜不自胜；如今又听说东吴任命一介书生为帅，更是不放在眼里，便催促各路人马加速前进，大有毕其功于一役的架势。陆逊走马上任后，运用『持重不抢先，待机而制人』的战略严阵以待。

开战之时，陆逊宣布决策：『各处关防，牢

守隘口，不许轻敌。』众将领本就对他这个白面书生统领大军不服气，今见他只下令死守不让出战，更是不理解，但碍于军令，勉强服从。当刘备大军压来，陆逊与吴将韩当并马而望，陆逊指着刘备的军马说道：『刘备兵刚来，又连胜十余阵，锐气正盛，我们只要坚守不出，对方求战不得，时机成熟，就可以用奇计战胜他。』韩当只是沉默，什么也没说，心里很不以为然，心想：一个乳臭未干的小子，胆怯就是胆怯，还吹什么牛！可时隔不久，陆逊果真瞅准时机，率军动如脱兔，一把火烧了蜀军七百里连营。刘备兵败，之后死于白帝城，这正是刘备『求速成』酿成的恶果。

【原文】

子曰：『君子和而不同①，小人同而不和。』

子贡问曰：『乡人皆好之，何如？』子曰：『未可也。』

『乡人皆恶之，何如？』子曰：『未可也；不如乡人之善者好之，其不善者恶之。』

子曰：『君子易事②而难说也。说之不以道，不说也；及其使人也，器之③。小人难事而易说也。说之虽不以道，说也；及其使人也，求备焉。』

子曰：『君子泰而不骄，小人骄而不泰。』

子曰；『刚、毅、木、讷近仁。』

子路问曰：『何如斯可谓之士矣？』子曰：『切切偲偲④，怡怡⑤如也，可谓士矣。朋友切切偲偲，兄弟怡怡。』

【注释】

①和而不同：此处的『和』应释为和谐、协调，『同』应释为『盲从附和』。

②易事：容易事奉。

③器之：量才而用。

④切切偲偲：形容相互督促、勉励，情意恳挚。

⑤怡怡：和悦的样子。

【译文】

孔子说：『君子和谐而不会盲目附和，小人只是盲目附和而不会和谐。』

子贡问道：『乡村里的人都喜欢他，这个人怎么样啊？』孔子说：『不能肯定。』

子贡又问道：『乡村里的人都厌恶他，这个人怎样啊？』孔子说：『不能肯定。倒不如乡村里的好人都喜欢他，乡村里的坏人都厌恶他。』

孔子说：『在君子手下做事容易，要想博得他喜欢却不容易。不用正当的方法去博取他喜欢，他是不会喜欢的；待到他使用人的时候，却能量才分配。在小人手下做事是很困难的，博得他喜欢却是很容易的。博取他喜欢，虽然用的不是正当的方法，但他还是喜欢的；待到他使用人时，便会百般挑剔，求全责备。』

孔子说：『君子安详舒泰，却不傲慢放肆，小人傲慢放肆，却不安详舒泰。』

孔子说：『刚强、果断、朴实、言语谨慎，具有这四种品德的人离仁不远了。』

子路问道：『怎样才可以叫作士呢？』孔子说：『相互督促，和颜悦色，可以叫作士了。朋友之间，相互督促，兄弟之间，和颜悦色。』

【品读】

这段话说的是君子与小人的区别。君子、小人在对人或做事时为什么会有不同的态度呢？因为君子尚义，对不合理的事情就要反对，所以会有不同；小人尚利，对有损于个人利益的事他不会干，对有利于自己的事则不管是否合理他都干，所以只能同而不和。

『和』是人际关系的理想状态。孔子在这里所主张的君子之『和』，是在承认对立差异的基础上，寻求双方都可以接受的解决方案，从而使双方共生、共存、共发展。这一『和谐』的思想，不仅可以用于处理人与人的关系，也适用于处理人与自然、人与社会的关系。

另外，君子为人安详舒泰，就不会傲慢无礼；小人常怀骄横妒忌之心，故心态不平而时常焦躁不安。所以，君子与小人，气量不同，见识不同，所以心情、气度、仪表、举止自然也就大不相同。

子路所问的『士』，即为君子、读书人一类的人物。他们相互切磋鼓励，彼此融洽亲和，这是孔子倡导的交友之道，自然也被列为君子修养的规范之一。

【故事】

韩信，西汉开国功臣，我国历史上杰出的军事家，兵家四圣之一，同时也是我国军事思想『兵权谋家』的代表人物，被后人尊为『兵仙』『神帅』。

韩信出身穷苦，但志向远大。他身材魁梧，文武兼学，平时喜欢佩带一把剑。一天，韩信在家乡淮阴被一个无赖拦在闹市，那个无赖说：『你若是有胆量，就拔剑刺我；如果是懦夫，就从我的胯下钻过去。』围观的人都知道这是故意找茬，以此来羞辱韩信。韩信受到这样的羞辱勃然大怒，刚要发作，转念一想，自己胸怀大志怎能和一个无赖相争呢？如果真的拿剑杀了他岂不是要为他偿命，又何谈建功立业呢？只有匹夫受辱才拍案大怒。于是他一言不发，从那人的胯下钻了过去。围观众人哄然大笑，认为韩信是胆小怕死之人。

韩信是一个非常有谋略的人。他看到社会正处于改朝换代之际，于是悉心研究兵法，练习武艺，相信自己会有出头之日。公元前209年，反对秦朝统治的农民起义爆发了，韩信最终加入了刘邦的军队，并成为刘邦手下得力干将，在帮助刘邦打天下的过程中，立下了赫赫战功。汉朝建立后，韩信被封为淮阴侯。

【原文】

子曰：『善人教民七年，亦可以即戎矣①。』

子曰：『以不教民战，是谓弃之。』

【注释】

①即：就。戎：兵。

【译文】

孔子说：『善人教养人民七年，就可以叫他们去入伍当兵。』

孔子说：『用没有受过军事训练的人民去作战，这就等于让他们白白去送死。』

【品读】

《孙子兵法》开卷说道：『兵者，国之大事，死生之地，存亡之道，不可不察也。』孔子在这里也谈到了他个人的军事思想：对百姓应当进行军事训练。如果不那样做，就等于抛弃他们。为什么呢？要知道，国家的安定，必须要有军事上的保障。军队是钢铁长城，一个国家如果没有军队就很容易受到外敌的侵犯，使国家陷于战乱的局面，百姓流离失所。为万世太平，当然要有『兵』之力。

《司马法》更是指出：天下虽安，忘战必危。人们爱好和平，向往和平，但在和平年代，也不能够忽视军事的作用。拥有武装并不是为了战争，而是为了震慑邪恶，避免战争，这正是维护和平层面上的要求。孔子的军事思想，在过去、今天和将来都是可行的。

【故事】

我们华夏的远祖黄帝，就是借助军事的力量，才使百姓处于和平环境的。

黄帝又称轩辕黄帝，在他所处的那个时代，神农氏逐渐衰落，诸侯互相侵伐，暴虐百姓，而神农氏又没有办法。于是轩辕习武修兵，来讨伐那些不安分的部落，使诸侯都来归附他。

当时在黄河流域的中原大地上，形成了两个强大的部落：以神农氏炎帝为首的部落在姜水流域定居生活，以轩辕氏黄帝为首的部落在姬水流域定居生活。后来为了争夺中原地区的统治权，两大部落在涿鹿东南的阪泉展开了激烈的战斗。经过三次大战，黄帝部落打败了炎帝部落，把炎帝部落并入自己的部落中——所以后来中国人称自己为『炎黄子孙』。

这时，九黎族逐渐强大起来，首领叫蚩尤。由于不断壮大，于是蚩尤便联络南方的苗人起兵向中原进军。传说蚩尤是个英勇善战的人，他的军队都是铜头铁臂，刀枪不入；而且还会呼风唤雨，能将南方山林水泽中的瘴气毒雾带来攻击敌人。蚩尤的军队一直打到了涿鹿。这时黄帝一面调集忠于自己的各部落的援军，在涿鹿附近集结，一面又召集自己的部下仔细研究蚩尤军的特点和破敌的办法。

决战时，蚩尤军摆开了毒雾阵。黄帝立刻下令推出指南车，让自己的军队在指南车的指引下冲出毒雾。蚩尤见毒雾阵被破，又出动他的特种军队。黄帝见了，就命令放出他早已训练好的一大批虎、豹、熊、罴等猛兽。士兵见了猛兽一个个吓得抱头逃窜，纷纷败退。蚩尤在逃到冀州中部时，被黄帝的军队俘获，黄帝下令砍下了他的头颅。这就是著名的涿鹿大战。

从此以后，诸侯都把轩辕尊称为天子，取代了神农氏，这就是黄帝。天下有未归顺又欲图作乱者，黄帝就去征服他们。不久，黄帝便成了中原大地上部落联盟的首领。部落的统一与融合，促进了生产和文化的发展。黄帝不但让自己的部族在涿鹿定居下来，同时他还让自己的妻子嫘祖教人们养蚕缫丝，织成绢和帛做衣服，让仓颉创造了文字，还命封宁制陶器，雍父做臼舂米，共鼓等造舟船，命容成制定历法，羲和推算凶吉，伶伦制造乐器规定音律，开创了远古时代的『太平盛世』，黄帝也被后人尊为华夏的始祖。

宪问第十四

【原文】

宪问耻，子曰：『邦有道，谷；邦无道，谷，耻也。』

『克、伐①、怨、欲不行焉，可以为仁矣？』子曰：『可以为②难矣，仁则吾不知也。』

子曰：『士而怀居③，不足以为士矣。』

子曰：『邦有道，危④言危行；邦无道，危行言孙⑤。』

子曰：『有德者必有言，有言者不必有德。仁者必有勇，勇者不必有仁。』

南宫适问于孔子曰：『羿善射，奡荡舟⑥，俱不得其死然。禹稷躬稼而有天下。』夫子不答。

南宫适出，子曰：『君子哉若人！尚德哉若人！』

子曰：『君子而不仁者有矣夫，未有小人而仁者也。』

【注释】

①伐：自夸。

②为：通“谓”。

③居：安居，概指一切安乐享受。

④危：正直。

⑤孙：同“逊”。

⑥羿：传说中夏代东夷族的首领，善于射箭。奡：亦作“浇”，传说中夏代东夷族首领寒浞的儿子，有勇力。

【译文】

原宪询问耻，孔子说：“国家清平时做官领取俸禄；当国家无道时仍然领取俸禄，就是耻。”

原宪说：“好胜、自夸、怨恨、贪欲的行为不去做，能算是仁了吗？”孔子说：“能算是难得了，是否仁我就不知道了。”

孔子说：“作为士而留恋安乐，就不足以成为士了。”

孔子说：“国家清平，说话正直、行为正直；国家无道，行为正直、说话谦和。”

孔子说：“有德行的人必定会讲理，会讲理的人不一定有德行。仁德的人必定勇敢，勇敢的人不一定有仁德。』

南宫适问孔子说：『羿擅长射箭、奡能陆地行舟，都不得好死，禹、后稷亲自耕种却得到了天下，为什么呢？』孔子不回答。

南宫适退了出去，孔子说：『这个人真是君子啊，这个人真崇尚德行啊！』

孔子说：『作为君子而不仁的人是有的，但从未有作为小人而仁的人。』

【品读】

传统的读书人称为士人，士人更是国家、民族的栋梁。士人所追求的是大义，而不是个人的享乐主义。国学大师钱穆说过：『士当励志修行以为世用，专怀居室居乡之安，斯不足以为士矣。』

有句谚语说：『察见渊鱼者小祥，智料隐匿者有殃。』这里面该是凝集了历代多少辛酸世故！毫无疑问，敏锐地洞察一切的能力是必须具备而且理应受到称赞的。然而在动乱的年代，险恶的人世间，尤其是『邦无道』之时，如果不能做到『危行言孙』，很可能招致杀身之祸。注意言行的策略还是有好处的。

做人做得不好，而能有好的文字言论传世，几乎是没有的；没有好的德行修养而能建立大功业者，也几乎是没有的。仁德是勇敢的基础，胸中有一颗仁爱之心，才会有勇气面对任何困难；有勇无仁，是血气之勇，不能持久。

成为一个真正的君子，是一个不断完善自我品德修养的过程。如果一个人明白德行之所在，内心始终向着道德的方向，并以道德为尺度，察是非，辨得失，识进退，树立正确的义利观，最终就会成为一个真正的君子。

【故事】

在秦始皇焚书坑儒前后，政治恐怖，学术被扼杀。而在这种野蛮残酷的镇压过程中，依然有胆识过人的学者能够见机行事，急流勇退，不但保全住自身，而且还冒着杀头的危险保存古籍，这便是传授今文尚书的伏生。

伏生很有远见卓识，他的一生富有传奇色彩，只因为年代久远我们无法确切知道罢了。司马迁在《儒学列传》中提到过『五经八经师』。八人中数伏生资历最老，他是秦朝的博士。在那个残酷镇压知识分子的年代，能够全身而退，回乡隐居，肯定经过一些波折。从藏书的时间来推测，他是在焚书坑儒发生之前离开咸阳的。这就更体现出了他的先见之明。

当朝廷宣布禁止私人保存《诗》《书》时，伏生冒着杀头灭门的危险而把一部《尚书》藏在墙壁中。后来天下大乱，伏生逃亡离家。等到天下基本平定，朝廷取消私人藏书的禁令后，伏生才敢扒开墙壁，从里面把书拿出来。结果发现少了几十篇，只剩下二十九篇。于是便用此书来传授《尚书》之学。最开始的两个学生是济南张生和欧阳生。

汉代废除『挟书者族』这一法律是在惠帝四年（前191年），伏生将书抠出来，开始传授当在此后不久。汉文帝即位是在前179年，召伏生是在文帝九年（前171年）时，此时他已经九十多岁。以此逆推，伏生生年当在公元前261左右，比秦始皇年龄还要大。

焚书坑儒是在秦始皇三十四年（公元前213年），伏生当时已经近五十。可能在此之前他便是博士，想办法退隐回家的。。

【原文】

子曰：『爱之，能勿劳乎！忠焉，能勿诲乎？』

子曰：『为命[1]，裨谌[2]草创之，世叔讨论之[3]，行人子羽修饰之[4]，东里[5]子产润色之。』

或问子产[6]。子曰：『惠人也。』问子西[7]。曰：『彼哉！彼哉[8]！』问管仲[9]。曰：『人也。夺伯氏骈邑三百[10]，饭疏食，没齿无怨言。』

子曰：『贫而无怨难，富而无骄易。』

【注释】

①命：指国家的政策法令。

②裨谌：人名，郑国大夫。

③世叔：字太叔，名游吉，郑国大夫。讨论：研究后提出意见。

④行人：外交官。子羽：公孙辉，字子羽，郑国的大夫。

⑤东里：地名，在今郑州市，郑国大夫子产居住的地方。

⑥子产：郑国大夫，曾主持郑国政治，使郑国富强。

⑦子西：名申，字子西，楚国的执政大臣，政绩不大。

⑧彼哉，彼哉：他呀！他呀！当时表示轻视的习惯语。

⑨管仲：名夷吾，齐桓公的辅政大臣，曾佐桓公称霸诸侯。

⑩伯氏：齐国大夫。骈邑：地名。

【译文】

孔子说：『爱子女，能不让他们勤劳吗？忠于朝廷，能不开导规劝吗？』

孔子说：『郑国制订的政策法令，由裨谌拟稿，世叔进行探讨推敲，外交官子羽进行修饰，东里子产加工完成。』

有人问子产怎么样，孔子说：『他是一个施惠于人的人吧。』问子西怎么样，孔子说：『他呀！他呀！』问管仲怎么样，孔子说：『他是个人才呀！剥夺了伯氏骈邑三百户的封地，使伯氏吃粗粮，但伯氏至死没有怨言。』

孔子说：『贫穷而没有怨言很难做到，富有而不骄傲容易做到。』

【品读】

勤劳是一个人的重要品行，并且是其他诸多品行的基础，一个懒惰的人是很难成为一个优秀的人的。真正懂得如何爱孩子的，必劳其筋骨，在劳动中教育孩子学习人生。人生的艰难困苦，其实是磨炼、培养孩子应对生活中各种变故能力最好的老师，有助于孩子的成长。

『贫而无怨』的『贫』，并不仅仅指金钱上的穷，而是各种贫乏都包括在内。人处于贫乏困境之中容易怨天尤人，所以孔子特别称赞了那种身处贫境而能『不改其乐』的安贫乐道精神。身处富贵而不骄傲容易吗？其实也是很难的。身边的人大多不如你，面对你的时候不是自惭形秽就是巧言讨好，这样时间长了，你就会自我膨胀。

贫和富、穷和达是孔子倡导的修身之道。在多数情况下，人都以富贵为荣，发达了就志得意满。长期处在这种环境中，难保不被同化，而染上骄奢的习气。能够出淤泥而不染的，都是真君子。

【故事】

孟子有句话说：『故天将降大任于斯人也，必先苦其心志，劳其筋骨，饿其体肤，空乏其身，行拂乱其所为，所以动心忍性，增益其所不能。

意思是：上天将要降落重大责任在这样的人身上，一定要先使他的内心痛苦，使他的筋骨劳累，使他经受饥饿，以致身体空虚乏力，使他做事总不如意，这样来激励他的内心，使他的性格坚定，增加他所不具备的才能。

汉朝时，少年时的匡衡，非常勤奋好学。由于家里很穷，所以他白天必须干许多活，挣钱糊口。只有晚上，他才能坐下来安心读书。不过，他又买不起蜡烛，天一黑，就无法看书了。匡衡心痛这浪费的时间，内心非常痛苦。

他的邻居家里很富有，一到晚上好几间屋子都点起蜡烛，把屋子照得通亮。匡衡有一天鼓起勇气，对邻居说：『我晚上想读书，可买不起蜡烛，能否借用你们家的一寸之地呢？』邻居一向瞧不起比他们家穷的人，就恶毒地挖苦说：『既然穷得买不起蜡烛，还读什么书呢！』匡衡听后非常气愤，不过他更下定决心，一定要把书读好。

匡衡回到家中，悄悄地在墙上凿了个小洞，邻居家的烛光就从这洞中透过来了。他借着这微弱的光线，如饥似渴地读起书来，渐渐地把家中的书全都读完了。匡衡读完这些书，深感自己所掌握的知识是远远不够的，他想继续看多一些书的愿望更加迫切了。附近有个大户人家，有很多藏书。一天，匡衡卷着铺盖出现在大户人家门前。他对主人说：『请您收留我，我给您家里白干活不报酬。只是让我阅读您家的全部书籍就可以了。』主人被他的精神所感动，答应了他借书的要求。

匡衡就是这样勤奋学习的，后来他做了汉元帝的丞相，成为西汉时期有名的学者。

逆境不是坏事，相反，它是磨炼、是考验。

面对逆境，甚至要战胜逆境，我们就要有强者的心态，这是一种态度。选择积极进取、力求突破，还是消极退让、虎头蛇尾，对自我发展或战胜逆境都极为重要。

【原文】

子曰：「孟公绰为赵魏老则优①，不可以为滕、薛②大夫。」

子路问成人③。子曰：「若臧武仲④之知，公绰⑤之不欲，卞庄子⑥之勇，冉求⑦之艺，文之以礼乐，亦可以为成人矣。」曰：「今之成人者何必然？见利思义，见危授命，久要⑧不忘平生之言，亦可以为成人矣。」

子问公叔文子于公明贾曰⑨：「信乎，夫子⑩不言，不笑，不取乎？」公明贾对曰：「以告者⑪过也。夫子时然后言，人不厌其言；乐然后笑，人不厌其笑；义然后取，人不厌其取⑫。」子曰：「其然，岂其然乎？」

子曰：「臧武仲以防⑬求为后于鲁，虽曰不要⑭君，吾不信也。」

子曰：「晋文公谲而不正⑮，齐桓公⑯正而不谲。」

子路曰：「桓公杀公子纠⑰，召忽死之，管仲不死。」曰：「未仁乎？」子曰：「桓公九合诸侯⑱，不以兵车，管仲之力也。如其仁，如其仁。」

子贡曰："管仲非仁者与？桓公杀公子纠，不能死，又相之。"子曰："管仲相桓公，霸诸侯，一匡天下，民到于今受其赐。微[19]管仲，吾其被发左衽[20]矣。岂若匹夫匹妇之为谅[21]也，自经[22]于沟渎而莫之知也？"

【注释】

①孟公绰：鲁国的大夫。赵、魏：代指赵氏、魏氏，晋国最有权势的大夫。老：大夫的家臣。优：有余。

②滕、薛：鲁国附近的小诸侯国。

③成人：完美无缺的人。

④臧武仲：即鲁国大夫臧孙纥，以聪明著称。

⑤公绰：即鲁国大夫孟公绰，以清心寡欲著称。

⑥卞庄子：鲁国的大夫，以勇气著称。

⑦冉求：孔子的学生，多才多艺。

⑧要：同"约"，穷困。

⑨公叔文子：名拔，卫国大夫。卫献公之孙。公明贾：姓公明，名贾，公孙文子的使臣。

⑩夫子：指公叔文子。

⑪以告者：以，这。告者，告诉你的人。

⑫取：取财。

⑬防：地名，臧武仲的封地，在今山东费县东北。

⑭要：要挟。

⑮晋文公：名重耳，春秋五霸霸主之一。谲：诡诈。

⑯齐桓公：名小白，春秋五霸霸主之一。

⑰公子纠：齐桓公的哥哥，召忽和管仲曾侍奉公子纠。

⑱九合诸侯：多次召集诸侯议事。

⑲微：无。

⑳被发左衽：被，通『披』。左衽，衣襟向左开。

㉑谅：信用。

㉒经：上吊。

【译文】

孔子说：『孟公绰如果做晋国赵氏、魏氏的家臣则才力有余，但不能做滕国、薛国的大夫。』

子路问孔子怎样才是完美无缺的人。孔子说：『聪明像臧武仲，清廉像孟公绰，勇敢像卞庄子，才艺像冉求，再用礼乐加以修饰，也就可以成为全人了。』接着又说道：『现在的完人何必要这样呢？能够见利思义，遇到危难能够献出生命，长久处于贫困而不忘记平生的诺言，也就可以成为完人了。』

孔子向公明贾询问公叔文子的为人说：『老夫子真的是不说、不笑、不收取钱财吗？』公明贾回答说：『给你说这话的人说得太过分了。夫子把握准时机，然后才讲话，所以人们并不讨厌他的话；内心快活，然后才笑，所以人们并不讨厌他的笑，该取钱财时才取，所以别人不讨厌他取财。』孔子说：『是这样吗？难道真的是这样吗？』

孔子说：『臧武仲凭借他的封地防城请求鲁君为他的儿孙封官，纵然有人说他不是要挟君主，我是不肯相信的。』

孔子说：『晋文公诡诈，不正派；齐桓公正派，不诡诈。』

子路说：『齐桓公杀死了公子纠，召忽因此而自杀，管仲却没有死。』又问：『管仲不算仁德之人吧？』孔子说：『齐桓公多次召集诸侯会盟，没有使用武力，这是管仲的功劳。这就是他的仁德，这就是他的仁德！』

子贡说：『管仲不是仁人吧？桓公杀了他的主人公子纠，他不但没有死，还当了齐桓公的相。』孔子说：『管仲为相辅佐桓公，称霸诸侯，匡正了混乱的天下，人民到了今天都享受着他的好处。如果没有管仲，我们今天也会披散头发，衣襟向左开了，他难道要像普通人一样遵守小节，在山沟里自杀而没有人知道吗？』

【品读】

不斤斤计较是一种豁达。从孔子对管仲的评价中，可以看出，他肯定了管仲有仁德，没有在他的节操与信用上斤斤计较。

不斤斤计较是一种智慧，一辈子不吃亏的人是没有的。不斤斤计较的人拥有豁达的胸怀，即使在他们去世之后，也让人们深深地怀念。

不斤斤计较，也是一种高明的处世方法。

但凡当领导的，都喜欢办事得力、不计较个人得失的部下。要取得领导的信任，首先你自己要付出巨大的努力。凡是领导交给你的工作都要尽最大的力量去完成，争取每一件事都做得漂漂亮亮。对待个人利益一定要以大局为重，不去斤斤计较。

常言说『吃亏是福』就是这个道理。

有时候，遇事换个角度想一想，不要在枝节问题上纠缠不休，一切就都迎刃而解了。对于一些无关紧要的小事，不必太过计较。人生苦短，多留些快乐的日子给自己吧！

【故事】

东汉时期，有个在朝官吏叫甄宇，为人忠厚，遇事谦让。有一年除夕，皇上赐给群臣每人一只活羊。由于这批羊有大有小，分配时，负责人犯了愁。大臣们献策：有人主张把羊杀掉，然后均分；有人主张抓阄……这时，甄宇说：『分只羊有这么费劲吗？我看大伙儿随便牵只羊走算了。』说完，他率先牵了最瘦小的一只羊回家了。而后众大臣纷纷效仿，很快分发完毕。此事让甄宇获得了满朝文武的赞赏，最后传到光武帝耳中。后来在群臣的推荐下，甄宇得到了朝廷的重用。

在分羊一事里，甄宇看似吃了亏，实则是最终的人生赢家。我们常说『吃亏是福』，但在越来越精于算计的现代人眼中，早已不以为意，只把这句话当自我安慰，生活中、与人相处中，还是以自己利益为重。然而，常占小便宜终究会让自己吃大亏的。

【原文】

公叔文子之臣大夫僎①与文子同升诸会。子闻之，曰：『可以为「文」矣。』

子言卫灵公之无道也，康子曰：『夫如是，奚而不丧②？』孔子曰：『仲叔圉③治宾客，祝鮀治宗庙，王孙贾治军旅。夫如是，奚其丧？』

子曰：『其言之不怍④，则为之也难。』

陈成子弑简公⑤。孔子沐浴⑥而朝，告于哀公曰：『陈恒弑其君，请讨之。』公曰：『告夫三子⑦！』孔子曰：『以吾从大夫之后⑧，不敢不告也。君曰「告夫三子」者！』之三子告，不可。孔子曰：『以吾从大夫之后，不敢不告也。』

子路问事君。子曰：『勿欺也，而犯⑨之。』

子曰：『君子上⑩达，小人下⑪达。』

子曰：『古之学者⑫为己，今之学者为人。』

【注释】

①僎：人名。卫国大夫。

②奚而：为何。丧：丧失。

③仲叔圉：即孔文子。

④怍：惭愧。

⑤陈成子：齐国大夫陈恒。简公：齐国国君姜壬。

⑥沐浴：洗头洗澡，指斋戒。

⑦三子：指鲁国最有权势的三位大夫季孙、孟孙、叔孙，他们主宰鲁国的政治。

⑧从大夫之后：是孔子曾经做过大夫的谦虚说法。

⑨犯：冒犯，此指规劝。

⑩上：此指仁义。

⑪下：此指财利。

⑫者：……的人。

【译文】

公叔文子的家臣大夫僎，由于文子的举荐和文子一起做了卫国的大臣。孔子听说这件事后，说：『这个人可以给他「文」的谥号了。』

孔子谈到卫灵公的无道，季康子问：『既然如此，他的国家怎么没有败亡呢？』孔子说：『他有仲叔圉应对宾客，祝鮀管理宗庙祭祀，王孙贾统率军队。他们都是贤臣，像这样，怎么会败亡呢？』

孔子说：『如果一个人大言不惭，那么要实践他的话也是很难的。』

陈成子杀了齐简公。孔子庄重地沐浴斋戒后上朝廷朝见鲁哀公，告诉哀公说：『陈恒杀了他的君主，请你出兵讨伐他。』哀公说：『你去向三位大夫报告吧！』

孔子退朝后说：『因为我曾经做过大夫，不敢不来报告，君主却说「去报告那三位大夫」吧！』

孔子于是又去向三位大夫报告了，三位大夫都不同意出兵讨伐。孔子说：『因为我曾经做过大夫，不敢不报告啊。』

子路问怎样侍奉君主。孔子说：『不要欺骗他，但可以直言规劝他。』

孔子说：『君子通达于仁义，小人通达于财利。』

孔子说：『古代求学的人是为了充实提高自己的道德学问，现在求学的人是为了装饰给别人看。』

【品读】

在孔子的言论中，关于君子和小人的论述很多。孔子认为君子和小人的区别在于有了仁德便是君子，没有仁德的则是小人。在孔子看来，义和利是君子和小人的分水岭，君子的本质是为人间大义而生存，小人则是为一己私利所驱使。孔子主张人们要做君子，不要做小人，因此他说：『君子上达，小人下达。』

君子是理想化的人，是仁的外化，是义的体现，是智勇的代表。仁是君子的本质，无论环境再难，处境再险恶，都不能离开仁。可以说，孔子将人们所具有的一切美德都赋予了君子。每一个人都在生活之中，无论是总统、部长，或是科学家、艺术家、学者，都离不开生活，生活是其实现道德的必经之途。是君子，或是小人，是向上提升自己的精神，还是向下沉沦于世俗，全在于自己。

【故事】

春秋时期，晋国大奸臣屠岸贾是晋灵公的宠臣。晋灵公被赵家的人刺杀后，景公即位，升屠岸贾为大司寇。这时，屠岸贾就开始鼓动晋景公灭掉对晋国有功的赵氏家族，为晋灵公报仇。

屠岸贾率三千人把赵府团团围住，把赵家全家老小杀得一个不留。幸好赵朔之妻庄姬公主已被秘密送进宫中。屠岸贾闻讯必欲斩尽杀绝，要晋景公杀掉公主。景公念在姑侄情分，不肯杀公主。此时公主已怀有身孕，屠岸贾见景公不杀她，就定下斩草除根之计，准备杀掉婴儿。

后来公主生下一男婴，屠岸贾亲自带人入宫搜查。公主将婴儿藏在裤内，躲过了搜查。屠岸贾估计婴儿已被偷送出宫，立即悬赏缉拿。

在忠臣韩厥的帮助下，一个心腹假扮医生，入宫给公主看病，用药箱偷偷地把婴儿带出宫外。赵家的忠实门客公孙杵臼与程婴商量救孤之计，说：『如能将一婴儿与赵氏孤儿对换，我先带这一婴儿逃到首阳山，你便去告密，让屠贼搜到那个假赵氏遗孤，方才会停止搜捕，赵氏嫡脉才能保全。』程婴的妻子此时正生一男婴，他决定用亲子替代赵氏孤儿。他以大义说服妻子忍着悲痛把儿子让公孙杵臼带走后，依计向屠岸贾告密。屠贼迅速带兵追到首阳山，在公孙杵臼居住的茅屋搜出一个用锦被包裹的男婴，于是屠贼摔死了婴儿。他认为已经斩草除根，便放松了警戒。程婴听说自己的儿子被屠贼摔死，强忍悲痛，带着孤儿逃往外地。

十五年后，孤儿赵武长大成人。恰逢景公要恢复赵氏的声誉，韩厥趁机把这段冤情说了出来。景公大怒，特许赵武雪冤。赵武在韩厥的帮助下，兵戈讨贼，杀了奸臣屠岸贾，报了大仇。

程婴见赵氏大仇已报，沉冤昭雪，不肯独享富贵，拔剑自刎。他与公孙杵臼合葬一墓，后人称之为『二义冢』。

程婴与公孙杵臼的义举后来得到景公的嘉奖，也被广泛传颂，成为千古佳话，他们的美名也千古流传。

【原文】

蘧伯玉[①]使人于孔子。孔子与之坐而问焉，曰：『夫子何为？』对曰：『夫子欲寡其过而未能也。』

使者出。子曰：『使乎！使乎！』

子曰：『不在其位，不谋其政。』

曾子曰：『君子思不出其位。』

子曰：『君子耻其言而过其行。』

子曰：『君子道者三，我无能焉：仁者不忧，知[②]者不惑，勇者不惧。』子贡曰：『夫子自道[③]也。』

子贡方人[④]。子曰：『赐也贤乎哉？夫我则不暇。』

子曰：『不患[⑤]人之不己知，患其不能也。』

子曰：『不逆[⑥]诈，不亿[⑦]不信，抑亦先觉者，是贤乎！』

【注释】

①蘧伯玉：名瑗，卫国大夫。

②知：同『智』。

③道：说。

④方人：评论他人的长短。一说言人之过失。

⑤患：忧虑。

⑥逆：预先。

⑦亿：同『臆』，猜测。

【译文】

蘧伯玉派一个使者去孔子那里拜访。孔子给他座位，而后问道：『近年来他老先生在做什么呀？』

使者回答说：『老先生想减少自己的过错却还没能做到。』

使者告辞出去后，孔子说：『好一位使者！真是一位好使者！』

孔子说：『不在那个职位上，就不要考虑那个职位方面的政事。』

曾子说：『君子所思考的问题应不超出自己的职权范围。』

孔子说：『君子以说得到而做不到为耻。』

孔子说：『君子所应遵循的三条原则我都没有做到：仁德的人不忧虑，智慧的人不迷惑，勇敢的人不畏惧。』子贡说：『老师说的君子正是他自己。』

子贡议论别人，孔子说：『赐呀！你很不错了吗？我可没有这闲工夫。』

孔子说：『不要忧虑别人不了解自己，应该忧虑自己没有能力。』

孔子说：『不预先怀疑别人欺诈，不主观臆测别人不诚实，但又能及早察觉，这人才真是贤人吧！』

【品读】

为人处世要言而有信，『言过其行』是君子引以为耻的。在现实生活中，信口开河的人，其实是缺乏经验的人，他们常会贻误大事，哪能立身处世、治国安邦？只说不做或多说少做都是言过其行的表现，在实际生活中，我们要引以为戒。

『智、仁、勇』在《中庸》里被称为三大德，即天下最高的三种道德。智慧的人能见微知著，能审时度势，能通古今之变，所以没有困惑；仁者能够胸怀天下，无所不容，所以没有忧愁；勇者能处变不惊，临危不惧。这是孔子的自谦之言，也是他的真实写照。

【故事】

狄仁杰是唐朝的一代名相，也是一位杰出的政治家。狄仁杰为官清正严明，为了拯救无辜，敢于拂逆君主之意，后人称之为『唐室砥柱』。

仪凤元年（676年），大将军权善才误砍昭陵柏树，惹得唐高宗大怒，即定权善才死罪。狄仁杰当即上奏说权善才罪不当死。唐高宗生气地说：『权善才砍我父亲陵园的树使我不孝，必须杀。』狄仁杰据法说理：『自古都认为向君主直言是一件很难的事情。我认为，直言是非、提出意见这等事，遇到桀、纣这样的昏君是可怕的，对臣子来说是困难的事；但是遇到尧、舜这样开明的君主则是很简单的事。如今权善才按律令来说罪不至死，而陛下一定要杀他，这使得法律不能让人信服，那么今后百姓们行为处事都没有了分寸！』他接着说道：『现在陛下因为昭陵的一棵树就要杀一位将军，那么过了千百年之后，后世之人会认为陛下是一位什么样的君主呢？所以我不敢奉命杀权善才，以免把陛下置于无道之境地。』最终，唐高宗改变了主意，赦免了权善才的死罪。

【原文】

微生亩[①]谓孔子曰："丘何为是栖栖[②]者与？无乃为佞[③]乎？"孔子曰："非敢为佞也，疾固[④]也。"

子曰："骥[⑤]不称其力，称其德也。"

或曰："以德报怨，何如？"子曰："何以报德？以直报怨，以德报德。"

子曰："莫我知也夫！"子贡曰："何为其莫知子也？"子曰："不怨天，不尤[⑥]人，下学而上达。知我者其天乎！"

公伯寮[⑦]愬[⑧]子路于季孙。子服景伯[⑨]以告，曰："夫子固有惑志于公伯寮，吾力犹能肆[⑩]诸市朝[⑪]。"子曰："道之将行也与，命也；道之将废也与，命也。公伯寮其如命何？"

【注释】

①微生亩：姓微生，名亩，鲁国人。

②栖栖：忙碌不安的样子。

③佞：才能。

④疾固：疾，憎恨。固，固执，这里指固执的人。

⑤骥：千里马。

⑥尤：责怪，归咎。

⑦公伯寮：字子周，孔子的学生，鲁国人。

⑧愬：诽谤。

⑨子服景伯：名何，鲁国大夫。

⑩肆：陈尸示众。

⑪市朝：这里指市场。

【译文】

微生亩对孔子说：『你为何这般忙碌奔走呢？莫非要逞你的口才吗？』孔子说：『我并不敢逞自己的口才，而是痛恨那种顽固不化的人。』

孔子说：『用骥来称千里马，并不是赞美它的气力，而是赞美它的品德。』

有人说：『用恩德回报怨恨，怎么样？』孔子说：『那用什么回报恩德呢？要用公正回报怨恨，用恩德回报恩德。」

孔子说：「没有人了解我啊！」子贡说：「为什么说没有人了解您呢？」孔子说：「不怨恨上天，不责怪别人，学习平常的知识而懂得高深的道理，了解我的只有上天吧！」

公伯寮对季孙说子路的坏话。子服景伯将这事告诉了孔子，并说：「他老人家已经受了公伯寮的蛊惑，（开始对子路不满了。）但我还有能力使公伯寮陈尸街头示众。」孔子说：「如果我的主张将会实现，我听之于命运；如果我的主张永被废置，我也听之于命运。公伯寮能影响我的命运吗？」

【品读】

孔子认为，「德」与「力」二者中，德在上，力处下。这也是当时社会上两种不同的政治观点：以德治天下的「王道」思想和以武力治天下的「霸道」思想。孔子以千里马设喻，说明人的品德比能力更为重要。培养人才不能只重视才能，更要关注品德的修养。倘若一个人品德不佳，不务正业，那么学识越高，对社会的危害也就会越大。德才兼备的人才是真正对社会有用的人。

对自己有仇怨的人，要用公平正直之心来对待他，不可借机公报私仇或区别对待。而对自己有德有恩的人，则必定要以恩德来报答他。古人有言，「滴水之恩，当涌泉相报」。

在中国传统文化中，无论是老子的『以德报怨』，还是孔子的『以直报怨』，它们都坚持了一个共同原则，即『不争一时之短长』。虽然他人有怨于我，但也不能因此而斤斤计较，耿耿于怀，必思报复而后快，而应既往不咎，这样才不会使旧怨添新仇，越积越深。同时，双方以真诚之心寻找新的共同点，求同存异，不必要任何一方卑躬屈节，迎合对方。只是把旧怨放在一边，双方为共同的目标和利益进行合作，在合作过程中重建新的友谊。这样旧的怨恨就会逐渐淡化，自然消除。

朱熹说：『于其所怨者，爱憎取舍，一以至公而无私，所谓「直」也。』即某件事应该怎么办就怎么办，并不因为他对我有怨而挟私报复。你给我一拳，我无论如何要还给你一脚，这样的小肚鸡肠，是无知小人的逻辑。

『以直报怨，以德报德』作为人生的立世方法，应该说更实用，也更容易施行。别人对不起我，我要是还对他好，那么，那些对我好的人，该怎样报答呢？因此孔子主张以直道而行，是是非非，善善恶恶，对我好的，我当然对他好；对我不好的，我也不会记恨于他，旁生怨恨。

【故事】

战国时期，楚国与梁国相邻。边境土地肥沃，两国各设界亭，并且都在各自的地界上种了西瓜。梁国界亭的亭卒勤劳刻苦，起早摸黑，锄草浇水，在他们的管理下，瓜秧长势喜人。楚国界亭的亭卒散漫慵懒，对瓜田的事情不闻不问，更别说浇水锄草了，他们的瓜秧又瘦又黄，根本不能与梁亭的瓜秧相比。两相比较，楚亭的人觉得大失脸面，十分生气，便乘夜黑偷偷地将对面的瓜秧全扯断了。

次日，梁亭的人发现瓜秧全都被扯断了，就赶紧上报边县县令宋就：『楚亭的人是小人，我们干脆也将他们的瓜秧扯断，以牙还牙。』

宋就连连摇头道：『千万不可，千万不可呀！我们不希望他们扯断我们的瓜秧，为什么还要去扯断他们的瓜秧？对方做错了，我们以牙还牙，岂不是小人之举，何必呢？从今天起，你们要每天晚上去给他们的瓜秧浇水，并且不能让他们知道是你们做的。』

不久，楚亭的人发现真相之后，纷纷向楚国的边县县令报告。他们感到很惭愧，又深深敬佩梁亭的人宽宏大量，于是他们又禀报楚王。楚王甚为感动，派遣使者带上厚礼来到梁国，赔礼道歉，并愿重修旧好。

【原文】

子曰：『贤者辟①世，其次辟地，其次辟色，其次辟言。』

子曰：『作者七人②矣。』

子路宿于石门③。晨门④曰：『奚自？』子路曰：『自孔氏。』曰：『是知其不可而为之者与？』

子击磬⑤于卫，有荷蒉⑥而过孔氏之门者，曰：『有心哉，击磬乎！』既而曰：『鄙⑦哉，硁硁⑧乎！莫己知也，斯己而已矣。深则厉，浅则揭⑨。』子曰：『果⑩哉！末⑪之难矣。』

【注释】

①辟：同『避』。

②七人：这里指伯夷、叔齐、虞仲、夷逸、朱张、柳下惠、少连七个人。

③石门：鲁国都城的外门。

④晨门：早上看守城门的人。

⑤磬：乐器。

⑥荷蒉：背着草筐。荷，背或扛。蒉，草筐。

⑦鄙：质朴。

⑧硁硁：这里指击磬的声音。

⑨深则厉，浅则揭：引自《诗经·邶风·匏有苦叶》，连衣涉水叫厉，提起衣裳涉水叫揭。

⑩果：竟然。

⑪末：无，没有。

【译文】

孔子说："有些贤人逃避尘世（而归隐），次一等的逃避不好的地域（而迁居），再次一等的避免看到别人不好的脸色，再次一等的避免听到别人的恶言。"

孔子说："已经有七人这样做了。"

子路在石门住了一宿，看门人问道："从哪儿来？"子路说："从孔家。"看门人说："就是那位知道无法做到却还要去做的人吗？"

孔子在卫国，有一天正敲着磬，有位挑着草筐经过孔子门前的人说："这磬敲得有深意啊！"接下来又说："这硁硁的磬声可鄙啊！（它好像在说，没有人知道我呀）既然认为没有人了解自己，就罢休好了。'水深就索性连衣裳涉过去，水浅不妨提起衣裳涉过去。'"孔子听了，说："真坚决！没法反驳他了。"

【品读】

为人处世，虽然应该敢作敢为、不拘小节，然而一味地坚持己见，知其不可为而为之，则是人生大忌；如若不改，必吃苦头。这就要求我们在行为上不轻举妄动，在语言上以低姿态示人，否则就可能遭遇『无妄之灾』。在决定做某件大事时，千万不可过于自信、自作主张，一定要多方求证才能得到最佳的结果。

人们常说『多一事不如少一事』，这句话非常有道理。真正聪明的人理性都是胜过感性的，不该做的事从来都不妄为，能够以低姿态去待人和处世，这也是他们不会遇上『飞来横祸』的奥秘。

【故事】

汉武帝时最有名的大将军卫青是一个不妄为的将军，因此他受到了汉武帝的器重。

在卫青出兵定襄之时，部将苏健、赵信两军共三千多骑兵，与匈奴单于的部队遭遇，激战一

日，几乎全军覆灭。赵信被俘投降了匈奴，苏健却只身回到了军中。

卫青帐下的议郎周霸说：『自从大将军出兵以来，还未曾斩过部将。今天苏健丢了部队一个人逃回，应该将他斩首，以显示将军的威严。』军中有个叫安的长史说：『不能这样做！苏健以几千士兵抵抗数万敌军，奋力苦战一天，士卒都不敢有二心，全军战死。现在他自己死里逃生，反而被斩，这是告诉后来的人，谁要是战败了，就不要再回来，不如投降的好，所以不能斩他。』卫青说：『我卫青将真心诚意对待他，我不怕会因此没有威望。周霸劝我以斩部将的行为来显示威严，太不符合我的意愿。再说，虽然大将军出使在外可以斩部将，但以我的尊严和宠幸，也不敢在京城之外擅自诛杀部将。将他送到皇上那里去吧，让皇上亲自裁决。如果以此形成作大臣的不敢专权独断的风气，不也很好吗？』于是将苏健囚禁起来送至汉武帝处，汉武帝果然赦免了他的死罪。

【原文】

子张曰：『《书》云：「高宗[①]谅阴[②]，三年不言。」何谓也？』子曰：『何必高宗，古之人皆然。君薨[③]，百官总己以听于冢宰[④]三年。』

子曰：『上好礼，则民易使也。』

子路问君子。子曰：『修己以敬。』曰：『如斯而已乎？』曰：『修己以安人⑤。』曰：『如斯而已乎？』曰：『修己以安百姓。修己以安百姓，尧舜其犹病诸⑥？』

原壤⑦夷俟⑧。子曰：『幼而不孙⑨弟，长而无述焉，老而不死，是为贼。』以杖叩其胫⑩。

阙党⑪童子将命。或问之曰：『益者与？』子曰：『吾见其居于位也，见其与先生并行也。非求益者也，欲速成者也。』

【注释】

①高宗：即商王武丁。

②谅阴：有二说一说为天下、诸侯居丧之称，一说为居丧之所，即凶庐。二说皆可从。

③薨：古代称诸侯之死。

④冢宰：古代官名，相当后世的宰相、丞相。

⑤人：古代称士大夫以上职位的人，普通老百姓称民。

⑥诸：『之乎』的合音。

⑦原壤：原宪的同族，孔子的老友。据《礼记·檀弓》记载，原壤母亲死了，孔子帮助买椁。原壤站在椁上唱歌，孔子装作没有看见。

⑧夷：傲慢。俟：等待。

⑨孙：同『逊』。

⑩胫：小腿。

⑪阙党：鲁国地名。孔子居住的地方。

【译文】

子张问道：『《尚书》上说：「高宗服丧，三年不言语。」这是什么意思？』孔子说：『岂止高宗，古代的人都是这样。国君死了，新君三年不问政事，所有部门的官员总聚自己的职事以听命于宰相。』

孔子说：『在上位者重视礼，就容易使老百姓听指挥。』

子路问怎样才算得上君子。孔子曰：『修养自己，严肃地对待工作。』子路说：『这样就行了吗？』

孔子说：『修养自己，使上层人物得到安乐。』子路说：『这样就行了吗？』孔子说：『修养自己，使老百姓得到安乐。修养自己而使老百姓得到安乐，即使尧舜也难以做到吧？』

原壤双腿前伸坐在地上等待孔子。孔子说：『你年幼时不知尊敬别人，长大后德行无可称述，现在老了还赖着活在世上，这就叫害人虫。』说着用拐杖敲他向前伸出的一条腿。

阙党的一个童子来向孔子传话。有人问孔子：『他是追求上进的人吗？』孔子说：『我只见他（心安理得地）坐在成年人的位子上，只见他同长辈并肩而行。他并不是追求上进的人，而是急于求成的人。』

【品读】

《易经·大畜卦》的卦象上说：『伊子以多识前言往行，以畜其德。』意思是让人们多学习前贤圣人的言行，来修养、积攒自己的德行。这和孔子的『修己』思想不无共通之处。

然而，现实中人们往往更喜欢追名逐利，而不去积攒德行。历史上许多大的灾祸，就是由此而引发的。正所谓『修名不如修德』，修德者可以独善其身，而修名者往往身败名裂。

积攒名声只能招来小人们更多的嫉妒，给他们更多攻击自己的借口；而积攒德行，则在修身的同时，不给小人们任何攻击的机会，在无声无息间消灾避祸。

不争名不逐利，洁身自好，修养自己的品德才是消灾避祸的良药。

【故事】

唐朝战功赫赫的大将郭子仪就是一个修德之人，因此成名后才能在官场中安身自保。

当初，郭子仪带兵平定安史之乱，击退吐蕃的入侵，在朝野都有很高的威望。而奸臣鱼朝恩却嫉恨郭子仪的功劳，多次向皇帝进谗言，百般诋毁他。

一次，郭子仪小有失败，鱼朝恩便诬陷他用兵不利。结果朝廷夺了他的兵权，把他召回朝中，改任闲职。人们为他感到不平，郭子仪反倒安慰众人说：『我出征在外多年，回朝正好可以歇息调养，这并不是件坏事，你们应该为我高兴才是啊！』

郭子仪的儿子心中愤怒，他对父亲说：『奸人变本加厉，现在父亲的兵权也没有了，难道父亲还要忍吗？父亲如果当初和他们对着干，就不会落到这步田地。』

郭子仪教训儿子说：『我身为统帅，皇上总是放心不下的。奸人害我，因为奸人深受皇上的信任，他们这才敢对我下手。我若不加忍耐，事情只会更坏。他们苦苦相逼，就是想让我掉入他们的圈套啊！』

郭子仪猜想得一点不错，鱼朝恩等人就是想逼迫他抗争，好借机把郭子仪置于死地。郭子仪没有上当，躲过了更大的劫难。后来，鱼朝恩又派人挖了郭子仪的祖坟，郭子仪还是忍住了。鱼朝恩虽气急败坏，却始终无法除掉郭子仪。

卫灵公第十五

【原文】

卫灵公问陈①于孔子。孔子对曰："俎豆之事②，则尝闻之矣；军旅之事，未之学也。"明日遂行。

在陈绝粮，从者病，莫能兴。子路愠见曰："君子亦有穷乎？"子曰："君子固穷，小人穷斯滥矣。"

子曰："赐也，女以予多学而识之者与？"对曰："然，非与？"曰："非也，予一以贯之。"

【注释】

①陈：同"阵"。

②俎豆之事：俎和豆都是古代的一种器皿，举行礼仪时用。这里用以表示礼仪。

【译文】

卫灵公向孔子问行军布阵的方法。孔子回答说："礼仪方面的事，我是知道的；军队打仗一类事情，我不曾学过。』第二天孔子便离开卫国。

孔子在陈国时断绝了粮食，跟随他的学生都饿病了，爬不起来。子路满脸不高兴地来见孔子说：『君子也有穷困的时候吗？』孔子说：『君子能安守穷困，小人穷困时就会胡作非为。』

孔子说：『赐啊！你以为我是多学多记的人吗？』子贡回答说：『对呀，难道不是这样吗？』孔子说：『不是的，我是用一个基本观点把它们贯穿起来的。』

【品读】

君子与小人的不同之处在于，君子能够一直坚持正道，把仁作为自己毕生的追求，把义作为行事的根本，并坚持用『礼』来约束自我，这就是孔子所说的『一以贯之』。如果能这样做的话，那么『道』是很容易追求到的。

这里说孔子『在陈绝粮』，固然指的是经济上的穷困，但我们理解这其中之意却不应仅仅局限于经济这一方面。但凡人生挫折，事业坎坷，人到了穷途末路，都可以纳入『穷』的范围。而凡是到了这些关头，君子都应该具有『固穷』的胸襟和气度，坚持自己的理想，而不应该『穷斯滥矣』。一遇到逆境就无所不为，放弃自己的理想，则是小人所为。

孔子认为，如果一个人受不了穷苦的生活，那就算不上一个君子。的确，很多人可以过富贵的日子，但让他过几天穷苦的日子他就会叫苦不迭。那些道德品质高尚之人，是能够在贫困的环境中保持一个好的心态的。

人生不如意之事十之八九，我们每一个人都会遇到这样或那样的难题。我们身处逆境的时候，要提醒自己『君子固穷，小人穷斯滥矣』。要耐得住穷困，坚持正义之路，相信阴霾总有一天会过去，不能像小人那样不择手段。要知道，这样的修养不容易养成。『固穷』是一个君子的气节，一个人如果真的达到了这样的境界，那才是真的了不起。

无论处在什么样的境况，诚实是最可靠的，忠厚是最可贵的。坚守忠信与笃敬，即使到了边远地区办事，也会左右逢源，畅行无阻。如果只靠耍小聪明、小伎俩，弄虚作假，或者只凭蛮力，意气用事，那只会风光一时，最终不会成事。

【故事】

嵇康，字叔夜，三国时期魏末文学家、思想家和音乐家，魏晋玄学的代表人物之一，『竹林七贤』的领袖人物。他精于音律，尤其善于演奏《广陵散》。

嵇康幼年丧父，励志勤勉，官至中散大夫。司马昭曾想拉拢嵇康，但嵇康倾向皇室一边，对于司马氏则采取不合作态度，因此颇招忌恨。嵇康与向秀在树荫下打铁，不为谋生，只是跟从自己的意愿，不与司马氏为伍。一天，司马昭的宠臣钟会前来拜访，带着大批官员。嵇康一见这场面就很反感，没理睬他，只是低头干活。钟会要走时，嵇康发问：『何所闻而来？何所见而去？』钟会答道：『闻所闻而来，见所见而去。』说完就拂袖而去。后来钟会痛恨嵇康，终因吕安一事将其下狱并判为死罪。

嵇康在刑场行刑前神色不变，并向兄长要来平时用的琴，面对成千上万前来为他送行的人们，弹奏了一曲《广陵散》。曲毕，嵇康把琴放下，叹息道：『昔袁孝尼尝从吾学《广陵散》，吾每靳固之，《广陵散》于今绝矣！』

【原文】

子曰：『由！知德者鲜矣。』

子曰：『无为而治①者其舜也与？夫何为哉？恭己正南面而已矣②。』

子张问行。子曰：『言忠信，行笃敬，虽蛮貊之邦③，行矣。言不忠信，行不笃敬，虽州里，行乎哉？立则见其参④于前也，在舆则见其倚于衡也⑤，夫然后行。』子张书诸绅⑥。

子曰：『直哉史鱼⑦！邦有道，如矢；邦无道，如矢。君子哉蘧伯玉⑧！邦有道，则仕；邦无道，则可卷而怀之⑨。』

子曰：『可与言而不与之言，失人；不可与言而与之言，失言。知者不失人，亦不失言。』

【注释】

①无为而治：指舜继尧之后，由于任人适当，故看不见他有所作为。

②恭己正南面而已矣：由于舜无为而治，人们看到他好像只是庄严端正地坐在帝王的位子上罢了。

③蛮：古称南蛮。貊：古称北狄。

④参：并立。

⑤倚：倚靠。这里可译为刻。衡：轭，车前横木，驾马时用。

⑥书：写。绅：下垂的大带子。

⑦史鱼：卫国大夫，名鳝，字子鱼。

⑧蘧伯玉：卫国大夫，名瑗。

⑨卷而怀之：把自己的本领收藏起来，指隐退。

【译文】

孔子说：『仲由！懂得德的人太少了。』

孔子说：『能够没有作为天下自然太平的人大概只有舜吧？他干了些什么呢？庄严端正地坐在朝廷上罢了。』

子张问一个人怎样才能行得通。孔子说：『说话要讲求忠信，行为谨慎，即使到了文化不发达的蛮貊那样的国家，也是行得通的。说话不讲忠信，行为不谨慎，即使在自己家乡的地方，难道能行得通吗？立着的时候，忠信笃敬几个字就好像在面前；乘车时，就好像看见这几个字刻在车前的横木上，这样才使自己能行得通。』子张把这些话写在自己腰间的大带子上。

孔子说：『史鱼好正直啊！国家清明时像箭一样直，国家无道时也像箭一样直。蘧伯玉真是一个君子啊！国家清明时就出来做官，国家无道时就隐退。』

孔子说：『可以与他说话，却没有与他说话，这是错过人才；不可以与他说话，却与他说话，这是浪费言语。智慧的人既不错过人才，也不浪费言语。』

【品读】

有人把语言形容成刀剑，可见慎言的重要。孔子是一个非常慎言的人，他待人诚恳恭谦，看起来好像不善言辞，但在公开场合里，他又非常能言善辩。所以，孔子一直在陈说一个道理：『言忠信，行笃敬，虽蛮貊之邦，行矣！言不忠信，行不笃敬，虽州里，行乎哉！』

人的脸孔上，有两个眼睛，两个耳朵，两个鼻孔，却只有一张嘴巴，这奇妙的组合，似乎蕴涵着很深的意义，就是告诫人们要多听、多看、少说。

人生中有人喜欢饶舌，但也有人习惯于慎言。饶舌的人常常会吃亏，慎言的人相对不容易受到伤害。

【故事】

《伊索寓言》中有句名言：『世界上最好的东西是舌头，最坏的东西还是舌头。』因此，人要懂得『祸从口出』的道理，要管住自己的舌头。

范雎在卫国见到秦王，尽管秦王求教再三，他都沉默不语；诸葛亮在荆州，刘琦也是多次请教，诸葛亮同样再三不肯说。最后到了偏僻的一座阁楼上，去了楼梯，范雎和诸葛亮才分别对秦王和刘琦指示了今后的方向。所以历史上的『去梯言』，就表示慎言的意思。

东晋时代的王献之，一日偕同两个哥哥王徽之、王操之一起去拜访东晋名人谢安。徽之、操之二人放言高论，目空四海，只有献之三言两语，不肯多说。三人告辞以后，有人问谢安王家三兄弟谁优谁劣，谢安淡淡说道：『慎言者最好！』

【原文】

子曰：『志士仁人，无求生以害仁，有杀身以成仁。』

子贡问为仁①。子曰：『工欲善其事，必先利其器②。居是邦也，事其大夫之贤者，友③其士④之仁者。』

颜渊问为邦⑤。子曰：『行夏之时⑥，乘殷之辂⑦，服周之冕⑧，乐则《韶》《舞》⑨。放郑声⑩，远佞人。郑声淫，佞人殆。』

【注释】

①为仁：培养仁德。

②器：工具。

③友：交朋友，结交。

④士：这里指已做官而位下于大夫的人。

⑤为邦：治理国家。

⑥夏之时：夏代的历法，即现在的农历。

⑦殷之辂：商代的车子，比周代的车子朴实些。

⑧冕：古时候国君、诸侯、卿、大夫所戴的礼帽。

⑨《韶》：舜时的音乐。《舞》：同《武》，周武王时的音乐。

⑩郑声：指郑国的乐曲。

【译文】

孔子说：『有志之士，仁德之人，没有为了偷生而损坏仁德的，只有牺牲自己生命去保全仁德的。』

子贡问怎样培养仁德。孔子说：『工匠想要做好他的工作，就必须先磨好他的工具。我们住在这个国家里，要敬奉大夫中贤能的人，结交那些士人中仁德的人。』

颜渊询问怎样治理邦国。孔子说：『用夏代的历法，坐商代的车子，戴周代的礼帽，乐舞用《韶》《舞》。舍弃郑国的乐曲，斥退小人。因为郑国的乐曲荒淫，小人危险。』

【品读】

怎样对待生与死，这是人生一大课题。人作为自然界的有机体，生老病死都有其自然的规律，人固有一死。但关键在于：当生与死、个人生命与正义事业发生尖锐矛盾时，怎样选择，怎样面对生与死。儒家的选择是『杀身成仁』『舍生取义』。

司马迁在《报任卿书》中说：『人固有一死，或重于泰山，或轻于鸿毛。』这就向我们昭示：为正义、为坚持真理而死，虽死犹生，就像碎玉，仍然散发玉的光彩；贪生怕死、失节投敌，这种人虽生犹死，就如同被保全的泥瓦一样，为人不齿。

【故事】

550年，东魏丞相高洋篡夺了帝位，建立了北齐政权。为了巩固其统治，高洋一面残杀元氏宗亲，一面又收买元氏势力中的叛逆。定襄令元景安贪生怕死，乞求高洋赐姓高，以示效忠。他在一次与堂兄元景皓等人密商应付时局对策时，将这个想法提了出来，遭到元景皓的坚决反对，说：『大丈夫宁做玉器被打碎也不做泥瓦得以保全，怎么能改从他人姓氏而抛弃自己的本宗呢？』

元景安把他的话报告给高洋，结果元景皓被杀害。

成语『宁为玉碎，不为瓦全』由此演化而来，比喻宁愿为正义的事业而献出生命，也不愿屈从失节而苟且偷生。这既反映了一种宁死不屈的高尚气节，也表达了人们对生与死的态度。这是『舍生取义』的具体体现。

【原文】

子曰：『人无远虑，必有近忧。』

子曰：『已矣乎！吾未见好德如好色者也。』

子曰：『臧文仲其窃位者与[①]！知柳下惠[②]之贤而不与立也。』

子曰：『躬自厚[③]而薄责于人，则远怨矣。』

子曰：『不曰「如之何，如之何」者，吾未如之何也已矣。』

【注释】

①臧文仲：臧孙辰，鲁国大夫。窃位：窃居其位，指不称职。

②柳下惠：姓展，名禽，鲁国的贤人。

③厚：厚责。

【译文】

孔子说：『人没有长远的顾虑，必然会有眼前的担忧。』

孔子说：『完了啊！我没有见过喜好德行像喜欢美色一样的人呢。』

孔子说：『臧文仲可能是个做官不管事的人吧！他明知柳下惠是个贤良的人而不举用他到朝廷做官。』

孔子说：『多责备自己而少责备别人，则怨恨自然不会来了。』

孔子说：『办事不说「怎么办，怎么办」的人，我也不知道对他们怎么办了。』

【品读】

为人处世要深谋远虑，不能只看眼前，否则可能很快就会面临忧患。就办事而言，凡事不论大小，均应事先确定目标，制订周详的计划，还要对可能发生的意外做好预案；就为人而言，要不断地追求上进，不能只满足于眼前的成就。

人的一生总要遇上很多事情，没有人知道自己的将来会发生什么，如果自己都不为自己考虑将来的事情，没有人会提醒你。一定要有居安思危的意识，才能防患于未然。因此，孔子说『人无远虑，必有近忧』。

洪水未到先筑堤，豺狼未到先磨刀。做任何事情都应该未雨绸缪，居安思危，这样才能在危险突然降临时，不至于手忙脚乱。『书到用时方恨少』，平日里若不充实自己的学问，临时抱佛脚是来不及的。总有人抱怨没有机会，然而当升迁机会来临时，再感叹自己平时没有积蓄足够的学识与能力，以致不能胜任，也只能后悔莫及了。

为人处世应多站在别人的角度上思考问题，一旦发生了争执，应该多作自我批评，而不是一味地指责别人。严于律己，宽以待人，时时、处处、事事都要以一定的礼仪道德规范约束自己，不姑息迁就自己的过错；对别人的缺点、错误要宽容、豁达，不斤斤计较，不求全责备，那么，人与人之间的纷争怨恨自会消失。

【故事】

《左传·襄公》中载：『居安思危，思则有备，有备无患。』『居安思危』这个成语包含了丰富的哲理，成为中国几千年来从政者的警句和座右铭。历史上有一个很著名的『居安思危』的故事。

秦末项梁从吴中起义，然后率领八千士兵渡江向西，加入消灭秦的义军行列之中。就在这个时候，他听说有个叫陈婴的人已经占领了东阳县，于是，就派人前去联络，想要和他一起联兵西进。

陈婴本是东阳县的一个小官吏，由于他忠信恭谨，所以一直深受县民爱戴。后遇天下大乱，东阳县里的一些年轻人自发地组织起来，杀死了县令，但苦于找不到合适的首领，便请陈婴来领导。陈婴推辞不过，只好勉为其难。后来，他们又想推举陈婴为王。

陈婴的母亲是一位有学识的妇人，对人生社会有着丰富的经验。她听说要选陈婴为王，十分反对。她对陈婴说：『我们陈家虽是县里的望族，但从无做高官的人。现在一下子做什么王，名声太大了，容易招来祸害。况且，当下的时局动乱，形势未定，揭竿称王，所造成的祸端会更多。不如另选人来做王，你当助手。成功了，你能得到封赏；不成功，别人也不会把你抓起来。』

听母亲悉心分析一番之后，陈婴思量再三，觉得还是不做王的好。于是他就对众人说：『我原本是个小官，威望不足以服众人。现在项梁在江东起事，引兵西渡，并派人来要和我们联合抗秦。项梁的祖世就为楚将，名声显赫，我们想成就一番事业，就得依靠像项梁这样的人。』

于是，陈婴就带领两万多起义军投奔了项梁。

知子莫若母，母亲知道陈婴的性格不适合与各路枭雄争逐天下，如果不适合还要当王，丢掉性命的可能性极大。因此不如依附在强者的势力之下，进可享受爵位，退可隐姓埋名，保有性命。从这个角度看来，陈婴的母亲是相当务实的，而陈婴也能听从母亲的警告，居安思危，实乃大幸。

【原文】

子曰：『群居终日，言不及义，好行小慧，难矣哉！』

子曰：『君子义以为质①，礼以行之，孙②以出之，信以成之。君子哉！』

子曰：『君子病③无能焉，不病人之不己知也。』

子曰：『君子疾没世而名不称焉。』

子曰：『君子求诸己，小人求诸人。』

子曰：『君子矜④而不争，群而不党⑤。』

子曰：『君子不以言举人，不以人废言。』

子贡问曰：『有一言而可以终身行之者乎？』

子曰：『其恕乎！己所不欲，勿施于人。』

【注释】

①质：根本。

②孙：同『逊』。

③病：担心，害怕。

④矜：庄重。

⑤党：结党营私。

【译文】

孔子说：『终日同大家聚在一起，说话不合道理，好耍小聪明，这种人难以有什么成就！』

孔子说：『君子以义为做事的根本，用礼仪来实行它，用谦逊的言语说出它，用诚实的态度完成它。真的是位君子呀！』

孔子说：『君子害怕自己没有能力，不害怕别人不知道自己。』

孔子说：『君子担心死后而名声不被人称颂。』

孔子说：『君子严格要求自己，小人苛刻要求别人。』

孔子说：『君子态度庄重而不与人争执，能够合群而不与人勾结。』

孔子说：『君子不因为言谈而举用人，不因为人而排斥其言谈。』

子贡问道：『有一句话足以终身奉行的吗？』

孔子说：『大概是恕吧！自己所不愿意的，不要施加于他人。』

【品读】

言辞动听的人未必就有德，名声不好或人品不端的人未必就没有好见解。不因言举人，但是也不能因人而废言。一切还须实事求是，从实际出发，这才符合辩证法。

『恕』是一种推己及人的情怀。一个内心怀有仁德的人，即使不能成全他人，起码也不会陷害逼迫他人。自己不愿意干的事，不能推到别人头上，不能把麻烦和痛苦转嫁到别人头上。应该在替自己打算的时候，也设身处地地替别人想一下。能够做到这一点，就可以算得上心底有仁义了。

我们一定要有宽广的胸怀。居位越高，责任也就越重，胸怀就要越宽广。所谓『宰相肚里能撑船』，做宰相的人，胸怀要像大海一样宽广。有了宽广的胸怀，才能包容别人的过错，才能忽略瑕疵而看到好的一面，才能在不利于自己的情况下保持冷静沉着。

【故事】

北宋政治家王安石做宰相的时候，中年丧妻，后来续娶了一个叫姣娘的妾。姣娘年方十八，出身名门，长得闭月羞花，琴棋书画样样精通。婚后，身为宰相的王安石，整天忙于朝政，时常不归家。

姣娘正值妙龄，独居空房，便跟府里的年轻仆人私下偷情。这事传到了王安石那儿，这天，王安石使了一计，谎称上朝，却悄然藏在家中。入夜，他潜入卧室外窃听，果然听见姣娘与仆人床上调情。他气得火冒三丈，举拳就要砸门捉奸。但是就在这节骨眼上，他冷静下来，转念一想，自己是堂堂当朝宰相，为此动怒实在犯不上。他把这口气咽了回去，转身走了。

岂料，王安石没留神撞在了院中的一棵大树上。一抬头，见树上有个老鸹窝，他灵机一动，随手绰起一根竹竿，捅了老鸹窝几下。老鸹惊叫而飞，屋里的仆人闻声慌忙跳后窗而逃。事后，王安石装作若无其事。一晃到了中秋节，王安石邀姣娘花前赏月。酒过三巡，王安石即席吟诗一首：『日出东来还转东，乌鸦不叫竹竿捅。鲜花搂着棉蚕睡，撇下干姜门外听。』姣娘是个才女，不用细讲，已品出这首诗的寓意，知道自己跟仆人偷情的事被老爷知道了。想到这儿她顿感无地自容。可她灵机一动，跪在王安石面前，也吟了一首诗：『日出东来转正南，你说这话够一年。大人莫见小人怪，宰相肚里能撑船。』王安石仔细一想，自己已是花甲之年，姣娘正值豆蔻年华，偷情之事不能全怪罪于她，此事还得想一个两全其美的办法。过了中秋节，王安石赠给姣娘白银千两，让她与那个仆人成亲，一起远走他乡。

【原文】

子曰：『吾之于人也，谁毁谁誉？如有所誉者，其有所试矣。斯民也，三代①之所以直道而行也。』

子曰②：『吾犹及史之阙文也。有马者借人乘之，今亡矣夫！』

子曰：『巧言乱德，小不忍，则乱大谋。』

子曰：『众恶之，必察焉；众好之，必察焉。』

【注释】

①三代：指夏、商、周。

②子曰：此章的大致意思是感叹当世道德的沦丧。

【译文】

孔子说：『我对于他人，诋毁了谁？虚誉了谁？如果有所称誉，已经是察验过了。这些民众啊，是夏、商、周三代所正道之行的人。』

孔子说：『我还能够见到史官记事阙疑的地方。有马的人把马借给别人驾车，现在见不到了！』

孔子说：『花言巧语扰乱德行。小处不能忍耐就会败坏大事。』

孔子说：『大家都憎恨的东西，必须审察；大家都喜好的东西，必须审察。』

【品读】

花言巧语具有欺骗性，常有扰乱人心的动机。『忍』是一种良好的修养，需要有远见、智慧和耐性作为支撑。为了办成大事，在小事情上便要学会忍。另一方面，做事应当机立断，不要在小事上纠缠不清。

『小不忍，则乱大谋』，这句话在民间极为流行，甚至成为人们人告诫自己的座右铭。的确，

有志向、有理想的人，不会计较个人得失，更不应在小事上纠缠不清，而应有广阔的胸襟和远大的抱负。只有如此，才能成就大事，从而达到自己的目标。

评判一个人是好人还是坏人，固然要多方听取意见，但重要的是要亲自观察，从而得出自己的判断。不能人云亦云，盲目听信他人的意见，以众人的是非标准或者权威的意志来决定自己的判断，这都不是慎重待人、用人态度。所以，评判一个人的好坏，一定要经过自己的独立思考，经过理性的判断，再做出结论。生活中诸事亦同此理。

【故事】

人们最熟悉的忍辱负重的故事，可能就是发生在韩信身上的『胯下之辱』。韩信受辱的故事记录在司马迁的《史记·淮阴侯列传》里。据说有一天，韩信在街上溜达，有一个年轻的屠户看不惯韩信游手好闲的样子，就对他说：『你虽然长得高大，喜欢带刀佩剑，其实是个胆小鬼罢了。』又当众侮辱他说：『你要不怕死，就拿剑来刺我；如果怕死，就从我的裤裆下面爬过去。』韩信仔细地打量了他一番之后没有说话，却低下身去，趴在地上，果真从他的裤裆下面爬了过去。于是，满街的人都笑话韩信，认为他确实是个胆小鬼。

韩信后来的成名，确实与他经历的这件事情有关。在韩信被封为楚王之后，回到了下邳。他还召见了让他从胯下爬过去的年轻屠户，任用他做了中尉，并告诉他的将相们说：『这是一位壮士。当初他侮辱我的时候，我难道不能杀死他吗？但杀掉他没有意义，所以我忍受了一时的侮辱而成就了今天的功业。』

【原文】

子曰[①]：『人能弘道，非道弘人。』

子曰：『过而不改，是谓过矣。』

子曰：『吾尝终日不食，终夜不寝，以思，无益，不如学也。』

子曰：『君子谋道不谋食。耕也，馁在其中矣；学也，禄在其中矣。君子忧道不忧贫。』

子曰：『知及之，仁不能守之；虽得之，必失之。知及之，仁能守之。不庄以莅[②]之，则民不敬。知及之，仁能守之，庄以莅之，动之不以礼，未善也。』

子曰：『君子不可小知而可大受也，小人不可大受而可小知也。』

【注释】

①子曰：此章的确切含义很不容易解释，此处仅就字面来翻译大体是说，大道要靠各人自己去悉心体察。

②莅：临，到。

【译文】

孔子说：『人能弘扬大道，不是大道来弘扬人。』

孔子说：『错了不去改正，才真的叫作错。』

孔子说：『我曾经整天不吃，整夜不睡地来思考，还是毫无收益，不如去学习。』

孔子说：『君子谋求大道而不谋求食物。耕作可能会挨饿，学习可能会得到俸禄。君子忧患大道而不忧患贫困。』

孔子说：『用智慧得到的东西，不能用仁德去坚守它，即使得到了，也一定会失去。用智慧得到的东西，仁德足以坚守它，但不是以庄重严肃的态度来对待百姓，老百姓就会不敬。用智慧得到的，仁德能够坚守住，并且庄重严肃地对待百姓，但如果不以合乎礼仪的方法来行事，也还是不够完善。」

孔子说：「不可以在小事情上赏识君子，却可让他担当重任。小人不能让他担当重任，却可以在小事情上给予赏识。」

【品读】

孔子关于「……谋道不谋食」「……忧道不忧贫」的主张，并不是口头说教，而是他从自己的人生体验中总结概括出来的。这里面包含着人生的甘苦，又蕴涵着丰富的人生哲理，不但鞭策着他自己孜孜不倦地实现人生理想，也启迪着后人为国为民贡献自己的才华和热血。

孔子这段话的实质，讲的是人生的目的、意义、理想、信念的定位问题，是人生修养的境界问题。作为君子、士人，任务就是修道，为社会为国家效力，并依据「道」提出治国的办法。当然，修道、维护道是一个困难、曲折的过程，理想与现实经常会有差距，甚至会产生冲突。正是基于理想与现实会发生矛盾、冲突的情况，孔子提出「君子谋道不谋食」「君子忧道不忧贫」的主张。真正的君子在挫折、颠沛之时能保持尊严、理想，弘毅精神。这或许正是当今大部分人所缺少的。

【故事】

千古名篇《岳阳楼记》，深刻地表达了作者『不以物喜，不以己悲』的情怀，其『先天下之忧而忧，后天下之乐而乐』的名言，正是为政者应当遵守的『道』。

《岳阳楼记》的作者范仲淹，字希文，是唐朝宰相范履冰的后代。他的祖先原是西邠州人，后来迁往江南定居。

通过科举考试，范仲淹成为进士，后来官至龙图阁大学士。他幼时贫困，后来虽然富贵起来，但没有宾客在场时，一餐仍不吃两份肉菜。妻子儿子的衣食，也是刚够吃用。然而，他将自己的钱财赠送给别人，在家乡创置了『义庄』，用来赡养和救济那些无依无靠的本宗族人。他待人十分亲热敦厚，并乐于替人家办好事。当时的贤士，很多是在他的指导和荐拔下成长起来的。他处理政事，最讲究『忠厚』二字，所到之处，多有惠民的德政。

有一年闹大蝗灾、大旱灾，灾情特别严重。范仲淹奏请朝廷，派遣大臣前往灾区巡视。没有得到答复，他就当面质问皇帝：『宫廷中的人如果半日不吃饭，会怎么样呢？』宋仁宗受其感动，便派范仲淹去慰问灾区。范仲淹所到之处，开仓赈济饥民，并禁止灾民滥设祠庙祭祀天地鬼神。还奏请朝廷减免折役茶，减免丁口盐钱；而且呈上一篇《救弊十事》的奏札，逐条论述了朝政诸弊。

在他生前，百姓们就画了他的肖像，给他立生祠来纪念他。待到他逝世时，各地听到噩耗的人，都深深为之叹息。许多百姓聚众举哀，像死去父亲一样痛哭斋戒了三天才散去。后人在他的碑上铭刻了『廉洁俭约，克己奉公，直言尽职，利泽生民』等语。

范仲淹正是以倡导和践行『先天下之忧而忧，后天下之乐而乐』的精神，在宋代官场上树起了一座范仲淹之碑，也开拓性地诠释了『谋道不谋食，忧道不忧贫』这种精神，即使在今天看来，也是光辉崇高的，值得我们去继承和发扬。

【原文】

子曰：『民之于仁也，甚于水火。水火，吾见蹈而死者矣，未见蹈仁而死者也。』

子曰：『当仁，不让于师。』

子曰：『君子贞而不谅①。』

子曰：『事君，敬其事而后其食。』

子曰：『有教无类。』

子曰：『道不同，不相为谋。』

子曰：『辞达而已矣。』

师冕[2]见，及阶，子曰：『阶也。』及席，子曰：『席也。』皆坐，子告之曰：『某在斯，某在斯。』师冕出。子张问曰：『与师言之道与？』子曰：『然，固相师之道也。』

【注释】

①贞：正。谅：信，信誉。

②师冕：名叫冕的乐师。古代乐师一般都由盲人充当。

【译文】

孔子说：『人民对于仁德的要求，比对水火都要迫切。我见过跳进水火死的，却没有见过实践仁德而死的。』

孔子说：『面对合乎仁义的事，就是对老师，也不必谦让。』

孔子说：“君子坚守正道，而不必拘泥小节。”

孔子说：“侍奉君主，要竭尽全力把职责内的事做好，领取俸禄的事放在后头。”

孔子说：“不管哪一类人，我都可以给他以教育。”

孔子说：“志向不相同，就无法一块商量事了。”

孔子说：“言语足够表达意思就可以了。”

有位名叫冕的盲人乐师来见孔子。到了台阶，孔子说：“这是台阶。”到了席位，孔子说：“这是席位。”都坐下后，孔子告诉他：“某人在这边，某人在那边。”师冕告辞走后，子张问孔子：“这就是与乐师说话的道吗？”孔子说：“是的，这确实就是帮助盲人乐师的道啊。”

【品读】

儒家思想强调师道尊严，认为学生不可以违背老师。但是，孔子认为在行仁德时，即使是面对自己的老师，也不用谦让。“不让”此处应为不甘落后之意。“当仁不让”这个成语，后来泛指应该做的事，就要主动积极地承担，毫不推辞。

孔子言『道不同，不相为谋』，其实他的意思就是要与仁德之人交往，接受其熏陶，与其愉快地相处。

交友是人生处世的必然，也是人生进取的必需。所谓『千金易得，知己难求』，朋友之间贵在志同道合。这里的志同道合，指的是君子之交，也就是与有德行的人交朋友，这样才能不断提高自己的道德水平。对于那些离经叛道的小人，纵然他们能给我们带来再多的好处，也要敬而远之才是。

【故事】

我们都喜欢与品德高尚之人结交，而品德低劣的人，常常被人所鄙视，很少有人愿与之

交往。管宁不愿与华歆为伍的故事就是一个很好的例子。

管宁，字幼安，汉末三国时期人。管宁和华歆在年轻的时候交情甚笃，整日形影不离，同桌吃饭，同榻读书，同床睡觉，相处得非常好。

有一次，他们俩一起在菜地里锄草。管宁抬起锄头，一锄下去，碰到了一个硬硬的东西。黑黝黝的泥土中，只见一个黄澄澄的东西闪闪发光。管宁定睛一看，原来是一块金子，他就自言自语地说道：『我当是什么东西呢，原来是锭金子。』接着，他不再理会了，继续锄草。

『什么？金子！』不远处的华歆听到这话，赶紧丢下锄头跑了过来，抓起金块捧在手中仔细端详。

管宁见状，边干活边责备华歆道：『一个有道德的人是不可以贪图不劳而获的财物的，钱财应该靠自己的辛勤劳动而获得。』

华歆听后说道：『这个道理我也懂。』手里却还捧着金子舍不得放下。后来，他实在被管宁的目光盯得受不了了，才不情愿地丢下金子回去干活。但他心里还在惦记金子，所以干活也没有先前努力。管宁见他这个样子，暗暗地摇了摇头。后来又发生了类似的事情。

管宁目睹了华歆的所作所为，再也抑制不住心中的失望，拿出刀子当着华歆的面把席子从中间割成两半，痛心而决绝地宣布道：『我们二人的志向和情趣太不一样了。从今以后，我们就像这被割开的草席一样，再也不是朋友了。』

这就是成语『割席断交』的故事。这个故事告诉人们：真正的朋友，应该有共同的思想基础和奋斗目标，能一起追求、共同进步。如果没有内在精神的应和，只有表面上的亲热，是无法真正做到沟通与理解的，也就失去了做朋友的真正意义。

季氏第十六

【原文】

季氏将伐颛臾[①]。冉有、季路见于孔子曰：『季氏将有事于颛臾。』孔子曰：『求！无乃尔是过与？夫颛臾，昔者先王以为东蒙[②]主，且在邦域之中矣，是社稷之臣也。何以伐为？』

冉有曰：『夫子[③]欲之，吾二臣者皆不欲也。』孔子曰：『求！周任[④]有言曰：「陈力就列[⑤]，不能者止。」危而不持，颠而不扶，则将焉用彼相[⑥]矣？且尔言过矣，虎兕出于柙[⑦]，龟玉毁于椟中[⑧]，是谁之过与？』

冉有曰：『今夫颛臾，固而近于费。今不取，后世必为子孙忧。』孔子曰：『求！君子疾夫舍曰「欲之」而必为之辞[⑨]。丘也闻有国有家者，不患寡而患不均，不患贫而患不安。盖均无贫，和无寡，安无倾。夫如是，故远人[⑩]不服，则修文德以来之。既来之，则安之。今由与求也，相夫子，远人不服，而不能来也；邦分崩离析，而不能守也；而谋动干戈于邦内。吾恐季孙之忧，不在颛臾，而在萧墙[⑪]之内也。』

孔子曰：『天下有道，则礼乐征伐自天子出；天下无道，则礼乐征伐自诸侯出。自诸侯出，盖十世希⑫不失矣；自大夫出，五世希不失矣；陪臣⑬执国命，三世希不失矣。天下有道，则政不在大夫。天下有道，则庶人不议。』

孔子曰：『禄之去公室五世矣⑭，政逮于大夫四世⑮矣，故夫三桓⑯之子孙微⑰矣。』

【注释】

①颛臾：附庸于鲁国的小国，相传是伏羲之后，风姓。

②东蒙：即蒙山，在山东省蒙阴县南。

③夫子：指季康子。

④周任：古代有名的一个史官。

⑤陈：摆出来，施展。力：才能。就：居，充任。列：职位。

⑥相：辅助的人。

⑦兕：独角的犀牛。柙：关闭猛兽的笼子。

⑧龟：占卜用的龟甲。玉：祭礼用的玉。椟：匣子。

⑨疾：憎恨。舍曰：避而不谈。辞：托词，辩解之词。

⑩远人：指本国以外的人。

⑪萧墙：国君宫门内当门的照壁。

⑫希：同『稀』，事物出现得少。

⑬陪臣：这里指卿、大夫的家臣。

⑭禄：爵禄。这里指政权。去：离开。公室：鲁国公室，这里指鲁君。

⑮四世：鲁宣公死后，自季文子起，又经历了武子、平子、桓子，共四代，称四世。

⑯三桓：季孙氏、叔孙氏、孟孙氏都是鲁桓公的后代，故称三桓。

⑰微：衰微，衰败微弱。

【译文】

季氏将要兴兵攻打颛臾，冉有、季路见到孔子说：『季氏将对颛臾采取军事行动。』孔子说：『求呀！这怕是你的过错吧！那颛臾，从前先王封他做祭礼蒙山的主祭人，再说它在鲁国境内，是鲁国的臣属啊，为什么要攻打他呢？』

冉有说：『我们主公要这样做，我们两人都不主张这样做。』孔子说：『求呀！从前周任说过：「能施展自己的才能则就其职位，不能这样做就不就其职位。」这就如一个辅助瞎子的人，如果瞎子面临危险但他不去扶持，瞎子跌倒但他不去搀扶，那么还要用帮助瞎子的人干什么呢？况且你的话实在是错了。凶恶的猛兽从笼子里出来为患，贵重的东西毁坏在匣子里，这是什么人的过错呢？』

冉有说：『现在颛臾城郭坚固，离费又很近，如果现在不夺取它，将来一定成为后代子孙的隐忧。』孔子说：『求呀！君子厌恶那种不说自己愿意去做而编个诳言来搪塞的态度。我听说，一个国君或一个大夫，不怕财富少却怕分配不均匀，不怕贫困却怕不安定。财富均了，就无所谓贫；上下能和好共处就无所谓寡，上下既相安无事那么国家就没有倾覆之患。正因为这样，所以如有国外的人不归顺，就整治礼乐和仁义之政来招引他们来；既然招他们来了，就使他们生活安定。现在你们两人，帮助季氏，国外的人不归服，你们无法招他们来；国家不统一、分崩离析，你们不能好好保全，却想要在国内使用武力，我担心季孙氏的忧虑并不在颛臾，正在我们国君的庭院之内呀！』

孔子说：『天下政治清明，礼乐教化与军事行动都由天子做主；天下政治混乱，礼乐教化与军事行动由诸侯做主。由诸侯做主，传到十代很少不失去的；由大夫做主，传到五代很少不失去的；至于由家臣掌握国家命运，传到三代很少不失去的。天下政治清明，国家政权不会由大夫掌握。天下政治清明，老百姓不会纷纷议论政治。』

孔子说：『政权离开鲁国国君已经五代了，政权到大夫手中已经四代了，所以桓公的三房子孙已开始衰微了。』

【品读】

一个国家繁荣富强的前提条件必然是无

内忧，内乱的国家必然不能繁荣昌盛。家与国一样，人们常说的『家和万事兴』同样是这个道理。

『家和』是『兴家』的前提。我们不难想象一个时常充满了争吵的家庭，与一个处处充满着欢笑、相敬如宾的家庭有着多么大的差距。

家人之间的矛盾往往是由于缺乏谅解与信任引起的，倘若能够多体谅一下家人，设身处地地为家人着想，『家和万事兴』的情况便会很快到来。很多夫妻常为一些小事争吵，旁人也很难断清谁对谁错。其实，有些事无所谓对和错，需要的只是一点点宽容，互让互谅才是家庭生活中的法宝。

家庭的和睦，需要每一位家庭成员的努力。只要做到不固执己见，多替他人着想，自然能够化矛盾为和睦。如果每个家庭都能和睦相处，那么这个社会自然也就和谐安宁了。

【故事】

有一个家庭总是不断地争吵，他们非常羡慕邻居一家的和睦，于是，这个家庭的长者就去向邻居家求教。

邻居家告诉他说：『我们家不吵架，是因为我们家坏人太多。』

长者很生气，以为邻居是在开他的玩笑：坏人多，应该经常吵架才是啊……没过多久，长者无意中听到了邻居家关于一件错误事情的谈话：

所有的人，都诚恳地检讨自己，说如果自己做得再好一些的话，就不会出现这样的失误。

没有人推脱，没有人给自己辩解，大家都是坏人，大家都有责任。

长者终于明白了，原来，邻居对自己说的是真话，是自己没能够理解其中的真谛。

多一些原谅和理解，就会多一些爱和幸福。每一个家其实都需要一些『坏人』，和承担责任的人，太多的个人考虑，最终会破坏家的和谐。

【原文】

孔子曰：『益者三友，损者三友。友直，友谅①，友多闻，益矣。友便辟②，友善柔③，友便佞④，损矣。』

孔子曰：『益者三乐，损者三乐。乐节⑤礼乐，乐道⑥人之善，乐多贤友，益矣。乐骄乐，乐佚游⑦，乐宴乐⑧，损矣。』

【注释】

①谅：诚信。

②便辟：逢迎谄媚的样子。

③善柔：阿谀奉承。

④便佞：花言巧语，阿谀逢迎。

⑤节：调节，节制。

⑥道：说。

⑦佚游：游荡没有节制。

⑧宴乐：宴饮取乐。

【译文】

孔子说：『有益的朋友有三种，有害的朋友有三种。与正直的人为友，与诚实的人为友，与见闻广博的人为友，便对自己有益了。与谄媚奉承的人为友，与虚情假意的人为友，与夸夸其谈的人为友，便对自己有害了。』

孔子说："有益的快乐有三种，有害的快乐有三种。以得到礼乐的调节为乐，以传扬别人的好处为乐，以多交贤友为乐，便对自己有益了。以骄恣无礼为乐，以纵情游荡为乐，以饮食荒淫为乐，便对自己有害了。"

【品读】

我国伟大的思想家孔子提出了一个交友、择友的基本原则，他说："友直，友谅，友多闻，益矣。"孔子从自己的生活体验中，总结出以三种人为友是有益的：一种是"友直"，"直"，指正直，就是说要选择那些正直、爽快的人为友；"友谅"，谅指诚信，就是要选择那些真诚守信的人为友；"友多闻"，多闻，指博学多识，就是要选择那些博学多闻、见多识广的人为友。他认为，与这样的人交友才是有益的。

人与人之间的影响是潜移默化的。赛德翰曾经说过："和一个好人或者坏人说话时，人的下意识就会受到好的或坏的影响。"因此，结交朋友之时，一定要结交那些品性高尚的人，宁缺毋滥，宁可孤独，也不与小人为伴。交益友，你将会从朋友处获得人格的熏陶、道德的感召、学业的长进，自然会受益无穷。反之，交损友，你将会受到意想不到的牵连和伤害。

对于乐趣，不同的人会有不同的见解与追求。比如，有人以助人为乐，以学习为乐，以与好友切磋琢磨为乐；有的人却不然，以损人利己为乐，以游手好闲为乐……文中『乐佚游』『乐宴乐』包含的内容很宽泛，意思是说工作、生活、娱乐等方面没有规律。传统中医与现代医学研究均证明，生活不规律、暴饮暴食对人的身心健康都有极大的伤害。

【故事】

伯牙，春秋战国时期晋国的上大夫，我国古代著名的琴师，琴技高超。虽然有许多人称赞他的琴艺，但他却认为一直没有遇到真正能听懂他琴声的人。

有一年的八月十五，伯牙在汉阳江口的一座小山下，偶然遇到了打柴归来，因伯牙的琴声而驻足的钟子期。钟子期既能识琴，又能辨出伯牙所弹之琴意，两人遂结拜为兄弟，并约定来年的中秋再到这里相会。

次年八月十五，伯牙如约来到了汉阳江口，却不见钟子期来赴约。经过多方打听才得知，钟子期已不幸病逝。临终之前，他曾留下遗言，要把坟墓修在江边，到八月十五相会之时，也好听到伯牙弹琴。伯牙听闻悲痛欲绝，在钟子期的墓前凄楚地弹了一曲《高山流水》。弹罢，他挑断了琴弦，长叹了一声，把心爱的琴在青石上摔了个粉碎。

『高山流水遇知音』的佳话流传千古，『知音』不仅成了『知心朋友』的代名词，也成了高洁友谊的象征。伯牙绝弦，所喻示的正是一种真知己的境界，这也正是其千百年来广为流传的魅力所在。

【原文】

孔子曰：『侍于君子有三愆①：言未及之而言谓之躁，言及之而不言谓之隐，未见颜色而言谓之瞽②。』

孔子曰：『君子有三戒：少之时，血气未定，戒之在色；及其壮也，血气方刚，戒之在斗；及其老也，血气既衰，戒之在得③。』

子曰：『君子有三畏：畏天命，畏大人④，畏圣人之言。小人不知天命而不畏也，狎⑤大人，侮圣人之言。』

【注释】

①愆：罪过，过失。

②瞽：盲人。

③得：贪心。

④大人：地位高的人。

⑤狎：轻侮。

【译文】

孔子说：『陪同君子说话容易犯三种过失：没轮到自己说话就先说，叫作急躁；轮到自己说话却不说，叫作隐藏；不看对方脸色就随便张嘴，叫作眼瞎。』

孔子说：『君子有三件事应该警诫自己：年轻时，血气未定，应在迷恋女色方面警诫自己；壮年时，血气正旺，应在争强好斗方面警诫自己；年老时，血气已衰，应在贪求名利方面警诫自己。』

孔子说：『君子所敬畏的有三种：敬畏天命，敬畏居于高位的人，敬畏圣人的言语。小人不懂得天命，因而对它不知敬畏，又轻视居于高位的人，并戏侮圣人的言论。』

【品读】

在这里孔子将人生分成了三个阶段，对人的慎戒也提出了训告。

少年之时，身心各方面的发育都还未稳定，极具可塑性，主要在戒『色』。为什么少年之时要戒色呢？因为少年之时是人身心发展的重要阶段，主要精力和时间应放在学习上。如果过早沉迷于女色，必定会对学习带来不良的影响，也不利于身体的健康。

古人以三十岁以上为壮年，这时人的身体各方面都发育成熟，精力旺盛，生命机能处于最佳状态，好使气、逞能、称雄，有的人往往因为一句话不和，就大打出手。结果盛气过后，是伤害，是后悔，是不可挽回的损失。故壮年之时，关键在于是否能够忍耐，不冲动，不感情用事。

到了老年，身体各方面的机能逐渐衰老、退化，为了健康起见，戒之在『得』。为什么戒之在『得』呢？因为人到了老年是该经历的经历了，该得到的得到了，应该有如平静的大海。有的人年轻的时候仗义疏财，到了老年却一分钱都舍不得花，对权力、事业更是舍不得放手。有这样一个故事：一个做官做上了瘾的老人，久病在床，早就『门前冷落车马稀』了，可是在病危的时候还想要过把官瘾。临死之时躺在病榻之上，已经进入了弥留状态，此时他的心里只有一个意念：还在做官，还要过官瘾。于是两个仆人站在房门口，拿出旧名片来，一个念道：『某某官长驾到！』另一人说：『老爷欠安，挡驾』。这样演习了几遍他才合上了眼睛。

由此可见，老年人『戒得』实在是太重要了。

生而为人，若想无欲无求几乎是不可能的，但怎样才能在社会生活中保持良好的心境呢？中医教导人们的做法是『恬淡虚无』。『恬淡』是指内心安静，『虚无』是指心无杂念。只有心无杂念，抛开一切超越现实的想法，少欲不贪，方能『皆有所愿』。

俗话说：知足常乐。过于追求得失，贪图名利富贵，就会永不满足，心里也永远不能平静，徒增烦恼。因此，孔子提出的人生三戒实可做『恬淡虚无』的处世良方了。

【故事】

胡九韶，明朝金溪人。他的家境很贫困，一

面教书，一面努力耕作，仅仅可以衣食温饱。每天黄昏时，胡九韶都要到门口焚香，向天拜九拜，感谢上天赐给他一天的清福。妻子笑他说：『我们一天三餐都是菜粥，怎么谈得上是清福？』

胡九韶说：『我首先很庆幸生在太平盛世，没有战争兵祸。又庆幸我们全家人都能有饭吃，有衣穿，不至于挨饿受冻。第三庆幸的是家里床上没有病人，监狱中没有囚犯，这不是清福是什么？

近代的弘一大师，淡泊物质，随缘生活。一条毛巾用了十八年，破破烂烂的；一件衣服穿了几载，缝补再缝补，有人劝他说：『法师，该换新的了。』他却说：『还能够穿用，还能够穿用。』

出外远行，住在小旅馆里，又脏乱、又窄小，臭虫又多，有人推荐说：『换一间吧！臭虫那么多。』他却说：『没有关系，只有几只而已。』

平常吃饭佐菜的只有一碟萝卜干，他还吃得很高兴，有人不忍心地说：『法师！太咸了吧！』弘一大师恬淡知足地说：『咸有咸的味道。』

一个有悟境的人，早已超然物外，不受物质的丰足或缺乏所束缚，贫穷不以为苦，富裕也不以为乐，觉得这样也好，那样也不错。不管物质好坏，境遇顺逆，精神一样愉快、轻安。

【原文】

孔子曰：『生而知之者上也，学而知之者次也；困而学之，又其次也；困而不学，民斯为下矣。』

孔子曰：『君子有九思[①]：视思明，听思聪，色思温，貌思恭，言思忠，事思敬，疑思问，忿思难，见得思义。』

【注释】

①思：思考，想问题。

【译文】

孔子说：『生下来就知道的是上等，学习了才知道的是次一等；遇到疑难才去学习的，是再次一等；遇到疑难而不去学习，普通民众就是这种最下等的了。』

孔子说：『君子有九种考虑：看的时候考虑是否看清楚了，听的时候考虑是否听清楚了，脸色考虑是否温和，外貌考虑是否庄重，言语考虑是否忠心，办事考虑是否认真，有疑问考虑如何向人请教，想发怒考虑是否会有后患，看到可得到的东西考虑得到是否合适。』

【品读】

见得思义，孔子在这里提示人们：凡事要有取舍的原则，何者为立身之本呢？儒学家尊崇一个『义』字。只要是合乎义的事，大家都应当去做君子也是社会中的人，生活于社会中的人总是要面对各种各样的诱惑。所以，人们不仅要抵御外来的侵蚀，而且要抗拒自身的非分之想。无论你选择什么，义是没有选择余地的，取亦依从义，舍亦依从义；进要为义而进，退也要为义而退。

【故事】

《红楼梦》中甄士隐曾资助过穷儒贾雨村。贾雨村进京中了进士，又升任知府，旋即因贪酷侮上被革职，只好到林如海家做私塾教师。林如海妻亡故，遂起意让女儿黛玉进京依附外祖母；又得知雨村欲图谋复职，遂修荐书让内史贾政为之周全，并让雨村随黛玉进京。雨村补授了应天府知府后，即碰到薛蟠为争夺甄香莲而打死香莲情夫冯公子的案子。甄香莲便是甄士隐的女儿，贾雨村不思报恩，乱判此案，致使香莲父女永隔，有家难回，客死薛家。贾府有恩于贾雨村，但当贾、宁二府遭受查抄时，不但不从中保全，反而巴结贾府政敌忠顺王，煽风点火，助纣为虐，落井下石。但是，贾雨村最后也在宦海中沉沦，终被撤职监禁，身陷囹圄。

【原文】

孔子曰：『见善如不及，见不善如探汤①。吾见其人矣，吾闻其语矣。隐居以求其志，行义以达其道。吾闻其语矣，未见其人也。』

齐景公有马千驷，死之日，民无德而称焉。伯夷叔齐饿于首阳②之下，民到于今称之。其斯之谓与？

陈亢③问于伯鱼④曰：『子亦有异闻乎？』对曰：『未也。尝独立，鲤趋而过庭。曰：「学《诗》乎？」对曰：「未也。」「不学《诗》，无以言。」鲤退而学《诗》。他日，又独立，鲤趋而过庭。曰：「学礼乎？」对曰：「未也。」「不学礼，无以立。」鲤退而学礼。闻斯二者。』陈亢退而喜曰：『问一得三，闻《诗》，闻礼，又闻君子之远⑤其子也。』

邦君⑥之妻，君称之曰夫人，夫人自称曰小童；邦人⑦称之曰君夫人，称诸⑧异邦曰寡小君；异邦人称之亦曰君夫人。

【注释】

①汤：热水，开水。

②首阳：即首阳山。伯夷、叔齐拒食周粟，饿死在首阳山。

③陈亢：即陈子禽，名亢，子禽是字。

④伯鱼：即孔子之子孔鲤，伯鱼是他的表字。

⑤远：疏远。这里的意思是孔子不偏私自己的儿子。

⑥邦君：指诸侯国的国君。

⑦邦人：国人。

⑧诸：『之于』二字的合音。

【译文】

孔子说：『看见好的，就如生怕赶不上似的；看见不好的，就如用手去试热开水一样迅速离开。我见到过这样的人，也听到过这样的话。隐居避世以求保全自己的志向，出仕为臣以实现自己的主张。我听说过这样的话，但没见到过这样的人。』

齐景公拥有四千匹马，死的时候，人们找不到他的好处来称述他。伯夷、叔齐二人在首阳山下饿死，人们到现在还称颂他们。说的就是这个意思吧！

陈亢向伯鱼问道：『您在老师那儿受到过与众不同的教导吗？』伯鱼回答说：『没有。记得他曾独自站在庭中。我加快步子恭敬地走过，他说：「学习《诗经》了吗？」我回答说：「没有。」他说：「不学《诗经》，就不会说话。」我便回去学《诗经》。另一天，他又独自站在庭中，我又加快步子恭敬地走过。他问道：「学礼了吗？」我回答说：「没有。」他说：「不学礼，无法立足于社会。」我便回去学礼。我只听到这两件。』陈亢回去高兴地说：『我问一件事，得知了三件事。一是《诗经》，二是礼，三是君子对儿子的态度。』

国君的妻子，国君本人称她为夫人，她对国君自称小童；国内的人称她为君夫人，但对外国人称她为寡小君；外国人也称她为君夫人。

【品读】

孔子说：『看到合于善的地方，就担心达不到；看到不合于善的地方，就好像把手伸到开水中一样赶快避开。』意在要求人们向善的方向努力。

司马光在《资治通鉴》中有这样一段话：『夫人之才，各有所值，虽周孔之才不能偏为人之所为，次其下乎？因当就其所长而用之。』从某种意义上说，学习他人的长处，不断提升自己，也是『向善』

的具体表现，因为这样做可以不断地完善自己。

正所谓有高山必有低谷，除极少数的天才、全才之外，人都难免其短。而真正成功的那些人并不一定是天才，但是他们确有比天才还聪明的成功办法。

每个人都有自己的优点和缺点，关键在于我们如何对待它们。用智慧的双眼发现别人的长处、自己的不足，取长补短才是成功的法门。

【故事】

一个盲人和一个跛脚的人结伴而行。盲人因为看不见路只能摸索着前进，所以走得很慢。跛脚的人的一条腿长一条腿短，走起路来也十分缓慢。

路途中，盲人突然感慨道：『要是我的眼睛好使，凭我这么强有力的腿肯定是个不错的运动员。可现在连走路都成问题，真是可悲！』

跛脚的人在一旁也搭话道：『谁说不是呢？我虽然眼睛比你好使，可是腿脚却不好使。假如给我两条能正常走路的腿，我便知足了！』

路旁经过的人听到了他们的对话，便对他们说：『你们两个人如果把各自的优点结合起来，不是就能达到各自的目的了吗？』他们俩想了想便明白了其中的道理，于是盲人便将跛脚的人背到了身上由跛脚的人来指路。这样盲人便有了眼睛，而跛脚的人也有了两条能正常走路的腿，他们前进的速度就变快了。

盲人和跛脚的人在自卑中只是看到了自己的不足，却没有看到对方的长处，故而他们还是昔日的自己；当旁人稍加提点之后，他们才发现了对方的长处并加以利用，从而方便了双方。

阳货第十七

【原文】

阳货①欲见孔子，孔子不见，归孔子豚②。孔子时其亡也③，而往拜之。遇诸途④。谓孔子曰：『来！予与尔言。』曰：『怀其宝而迷其邦，可谓仁乎？』曰：『不可。——好从事而亟⑤失时，可谓知乎？』曰：『不可。——日月逝矣，岁不我与。』孔子曰：『诺；吾将仕矣。』

子曰：『性相近也，习相远也。』

子曰：『唯上知与下愚不移。』

子之⑥武城，闻弦歌之声。夫子莞尔而笑，曰：『割鸡焉用牛刀⑦？』子游对曰：『昔者偃也闻诸夫子曰：「君子学道则爱人，小人学道则易使也」。』子曰：『二三子！偃之言是也。前言戏之耳。』

公山弗扰⑧以费⑨畔⑩，召，子欲往。

子路不说⑪，曰：『末⑫之⑬也，已⑭，何必公山氏之之⑮也？』

子曰：『夫召我者，而岂徒哉？如有用我者，吾其为东周乎？』

【注释】

①阳货：又叫杨虎，季氏家臣。

②归：同『馈』，赠送；豚：小猪。这里指蒸熟的小猪。

③时：趁。亡：出，不在家。

④途：道路，半路上。

⑤亟：屡次。

⑥之：往。

⑦割鸡焉用牛刀：这是一种比喻，意思是说治理这样一个小地方，哪里用得着施行礼乐教育。

⑧公山弗扰：即公山不狃，季氏的家臣。

⑨费：季氏的私邑。

⑩畔：同『叛』，叛乱。

⑪说：同『悦』，高兴。

⑫末：无，指没有地方。

⑬之：往，去。

⑭已：罢了，算了。

⑮之之：第一个『之』字只是帮助倒装用的结构助词，第二个『之』字是动词。

【译文】

阳货想让孔子来拜见他，孔子不去，他就送给孔子一只蒸熟的小猪，使孔子到他家来道谢。孔子趁他不在家时，前去拜谢他。不料两个人正好在半路上碰见了。阳货叫着孔子说：『来！我有话跟你说。』（孔子走了过去。）阳货说：『自己有本领，却听任国家迷乱，这能叫作仁吗？』孔子没有吭声。他自己接口说：『不可以。』阳货又说：『喜欢做官，却多次错过机会，这能叫作聪明吗？』孔子仍然没吭声。他又自己接口说：『不能够。』阳货说：『时光去而不复返，岁月是不等人的。』

孔子说：『好吧，我要出去做官了。』

孔子说：『人的性情本来是相近的。因为受不同习气的沾染，便相距得远了。』

孔子说：『只有聪明的上等人和愚笨的下等人是不可改变的。』

孔子到了武城，听到了弹琴唱歌的声音。孔子微笑着说：『杀鸡何必用宰牛的刀呢？』子游回答说：『从前我听到老师说过：「君子学习了礼乐，就会爱人，小人学习了礼乐，就好使唤了。」』

孔子便说：『学生们，子游的话是对的。我刚才的话只是和他开个玩笑罢了。』

公山弗扰到费图谋造反，来召孔子，孔子准备去。

子路不高兴，说：『没有地方去的话，就算了，为什么一定要去公山氏那里呢？』

孔子说：『他召我去，难道是白白召我去吗？假若有人用我，我将使周文王、武王崛起丰镐之道在东方复兴。』

【品读】

『日月逝矣，岁不我与』，即时不我待之意。李白《鞠歌行》『夜光抱恨良叹悲，日月逝矣吾何之』，感叹时光易逝，事业难成，岁月蹉跎。

时间一分一秒地流失，看似很慢，实则很快。人生看似说漫长，其实并不漫长，岁月不饶人，时间总是在不间断地悄声无息地走远，我们应该珍惜剩余的每分每秒。

想要实现人生的目标就要抓紧限有的时间，不能在努力的过程中觉得累了就停滞不前。时间不等人，不能把事情都拖到明天，今天可做之事，勿候明天。正如托尔斯泰所说『只有一个时间重要的，那就是现在！它所以重要，就是因为它是我们唯一有所作为的时间。』

【故事】

鲁迅的成功，有一个重要的秘诀，就是珍惜时间。

鲁迅自幼聪颖勤奋。三味书屋是清末绍兴城里的一所著名的私塾，鲁迅12岁时到三味书屋跟随寿镜吾老师学习，在那里攻读诗书近5年。鲁迅的坐位，在书房的东北角，他用的是一张硬木书桌。现在这张木桌还放在鲁迅纪念馆里。

鲁迅13岁时，他的祖父因科场案被逮捕入狱，父亲长期患病，家里越来越穷，他经常到当铺卖掉家里值钱的东西，然后再在药店给父亲买药。有一次，父亲病重，鲁迅一大早就去当铺和药店，回来时老师已经开始上课了。老师看到他迟到了，就生气地说：『十几岁的学生，还睡懒觉，上课迟到。下次再迟到就别来了。』

鲁迅听了，点点头，没有为自己作任何辩解，低着头默默回到自己的坐位上。

第二天，他早早来到学校，在书桌右上角用刀刻了一个『早』字，心里暗暗地许下诺言以后一定要早起，不能再迟到了。

以后的日子里，父亲的病更重了，鲁迅更频繁地到当铺去卖东西，然后到药店去买药，家里很多活都落在了鲁迅的肩上。他每天天不亮就早早起床，料理好家里的事情，然后再到当铺和药店，之后又急急忙忙地跑到私塾去上课。虽然家里的负担很重，可是他再也没有迟到过。

在那些艰苦的日子里，每当他气喘吁吁地准时跑进私塾，看到课桌上的『早』字，他都会觉得开心，心想：『我又一次战胜了困难，又一次实现了自己的诺言。我一定加倍努力，做一个守信的人。』

那个给鲁迅留下深刻记忆的三味书屋和刻着『早』字的课桌，一直激励着鲁迅在人生路上继

续前进。

鲁迅几乎每天都在挤时间。他说过：『时间，就像海绵里的水，只要你挤，总是有的。』鲁迅读书的兴趣十分广泛，又喜欢写作，他对于民间艺术，特别是传说、绘画也很喜欢，他广泛涉猎，多方面学习，时间对他来说非常重要。他一生多病，工作条件和生活环境都不好，但他每天都要工作到深夜才肯罢休。

在鲁迅的眼中，时间就如同生命。『美国人说，时间就是金钱。但我想：时间就是性命。倘若无端地空耗别人的时间，其实是无异于谋财害命的。』因此，鲁迅最讨厌那些『说长道短』的人，在他忙于工作的时候，如果有人来找他聊天，即使是很要好的朋友，他也会毫不客气地对人家说：『唉，你又来了，就没有别的事可做吗？』

【原文】

子张问仁于孔子。孔子曰：『能行五者于天下为仁矣。』『请问之。』曰：『恭①，宽②，信，敏③，惠④。恭则不侮⑤，宽则得众，信则人任⑥焉，敏则有功，惠则足以使人。』

佛肸⑦召，子欲往。

子路曰：『昔者由也闻诸⑧夫子曰：「亲于其身为不善者，君子不入也。」佛肸以中牟⑨畔⑩，子之往也，如之何？』

子曰：『然，有是言也。不曰坚⑪乎，磨而不磷⑫；不曰白乎，涅⑬而不缁⑭。吾岂匏瓜⑮也哉？焉能系而不食？』

子曰：『由也！女闻六言⑯六蔽矣乎？』对曰：『未也。』

『居！吾语女。好仁不好学，其蔽也愚；好知不好学，其蔽也荡⑰；好信不好学，其蔽也贼⑱；好直不好学，其蔽也绞⑲；好勇不好学，其蔽也乱；好刚不好学，其蔽也狂。』

【注释】

①恭：庄重。

②宽：宽厚。

③敏：勤敏。

④惠：慈惠。

⑤侮：遭受侮辱。

⑥人任：指得到别人的任用。

⑦佛肸：晋国范中行的家臣，为中牟的县长。

⑧诸：『之乎』的合音。

⑨中牟：春秋时晋邑，故址在今河北省邢台和邯郸之间。

⑩畔：同『叛』。

⑪坚：指天下最坚硬的东西。

⑫磷：薄。

⑬涅：一种矿物，可用来作黑色染料。这里作动词，染黑的意思。

⑭缁：黑色。

⑮匏瓜：葫芦科植物，俗称『瓢葫芦』，果实成熟后木质坚硬，剖开后能当水瓢。

⑯六言：即六字，指的是六种品德，就是文中说的仁、知、信、直、勇、刚。

⑰荡：放荡不羁。

⑱贼：害。

⑲绞：指说话尖刻。

【译文】

子张向孔子询问仁。孔子说：『能在天下施行五种品德，便是有仁德的人了。』子张问：『是哪五项啊？』孔子说：『庄重，宽厚，诚实，勤敏，慈惠。庄重就不受侮辱，宽厚就能得到别人的拥护，诚实就会得到别人的信用，勤敏就会有功绩，慈惠就能使唤人。』

佛肸来召孔子，孔子准备前去。

子路说：『以前我听老师说过：「亲自投身到做坏事的人那里，君子是不去的。」现在佛肸要在中牟谋反，老师却要去，为什么？』

孔子说：『对，我有说过这话。但是又说过：「最坚固的东西是磨不薄的；最白的东西是染不黑的。」我难道是葫芦吗？怎么能够只挂着而不给人采食呢？』

孔子说：『仲由，你听说过有六种品德也会带来六种弊病吗？』子路回答说：『没有。』

孔子说：『坐下！我告诉你。爱好仁德却不爱好学问，它的弊病是容易被愚弄；爱要聪明却不喜好学问，它的弊病是放荡不羁；喜好诚实却不喜好学问，它的弊病是容易被人利用，反而害了自己；爱直率却不爱好学问，它的弊病是说话尖刻，刺痛人心；爱勇敢却不爱学问，它的弊病是捣乱闯祸；爱刚强却不爱学问，它的弊病是胆大妄为。』

【品读】

我国古代的蒙学读物《三字经》开篇言道：『人之初，性本善；性相近，习相远。』其意即源于此。此处讲的是后天的环境、努力对人的影响。孔子认为，人在天性上并没有什么差异，人与人之间的差异是后天因素所造成的。所以，不管你的容貌如何、家庭环境如何都不重要，

重要的是后天的学习。立志高远，并努力践行君子之德，定会学有所成，成为一个对社会对家庭有用的人。

既然人性都是相近的，为什么还有善恶呢？孔子认为，这与后天习染有关，『近朱者赤，近墨者黑。』当我们不断接近高尚的德行时，将会领悟到哪些事是合乎伦理的，哪些事是违背道义的，久而久之，也就是知勇尚义的仁人了。

『仁』是儒家思想的核心内容。孔子论『仁』也是因人而异。文中孔子针对子张的性格来说明仁德的修养和运用问题。要成为仁者，须要躬行。

【故事】

我国历史上，李世民能得到众臣的鼎力相助，依靠的是一个『宽』字，从而开创了唐代的贞观之治。

李靖曾在隋朝隋炀帝时期任郡丞，而且他最早发现李渊即李世民的父亲有图谋天下之意，并亲自向隋炀帝检举揭发。李渊灭隋后，欲杀李靖，李世民却极力反对，再三恳求父亲说：『目前正是用人之际，不可滥杀将才；只要李靖甘心归顺，可免除一死。』李靖的性命终于保住了。李靖有感于李世民的厚德，竭尽全力，为唐王朝的安邦定国驰骋疆场，立下了赫赫战功。

在唐朝王室争权中，魏徵原来是辅佐李渊的长子太子李建成的。魏徵早就察觉到李世民不是等闲之辈，不会甘心屈居秦王之爵。为巩固太子的地位，以便日后顺利继位，他曾鼓动太子建成杀掉李世民。这件事李世民耳闻已久，但玄武门政变夺取帝位后，李世民同样不计前嫌，量才重用，使魏徵『徵亦喜逢知己之主，竭其力用』，为唐朝盛世的开创立下了丰功伟绩。

除此之外，李世民还对许多与他有过冲突的人不计旧怨，一概量才录用，任人唯贤，因此成为历史上深受臣民拥护的贤君。

【原文】

子曰：『小子[①]何莫学夫诗？诗，可以兴，可以观，可以群，可以怨。迩[②]之事父，远之事君；多识于鸟兽草木之名。』

子谓伯鱼曰：『女为《周南》《召南》[③]矣乎？人之不为《周南》《召南》，其犹正墙面而立[④]也与。』

子曰：『礼云礼云，玉帛[⑤]云乎哉？乐云乐云，钟鼓云乎哉？』

【注释】

①小子：指弟子们。

②迩：近。

③《周南》《召南》：《诗经·国风》十五个部分中的开头两部分，儒家认为其诗是合乎礼义的。

④正墙面而立：正面朝向墙壁站立。指什么也看不见，无法向前行走。

⑤玉帛：指举行礼仪时使用的玉器、丝织品等礼器。

【译文】

孔子说：“弟子们为什么不学习诗呢？学诗，可以培养联想力，可以提高观察力，可以养成合群的性情，可以学得讽刺方法，抒发心中的怨恨。近的呢，可以运用其中的道理侍奉父母；远的呢，可以用来服侍君主，而且可以多知道一些鸟兽草木的名称。”

孔子对伯鱼说：“你研究过《周南》和《召南》了吗？一个人不研究《周南》《召南》，就好像面对墙壁站立着无法向前行走啊！”

孔子说：“礼呀礼呀，只是指玉帛之类的礼器吗？乐呀乐呀，只是指钟鼓之类的乐器吗？”

【品读】

《诗经》社会功用的一大方面，是统治者利用它来宣扬和实行修身养性、治国经邦，这是《诗经》编集的宗旨之一。

孔子十分重视《诗经》，曾多次向其弟子及儿子训诫要学《诗》。孔子认为：『诗可以兴，可以观，可以群，可以怨。』这是孔子对《诗经》所作出的具有高度概括性的『兴、观、群、怨』说，也是他认为《诗经》之所以会产生较大社会功用的原因所在。孔子的『兴、观、群、怨』说阐明了《诗经》的社会功用，既点出了《诗经》的文学特征——以形象感染人，引发读者的想象与联想，又切合了社会与人生，达到了实用功效。

《毛诗序》在继承孔孟的说教基础上，特别强调了《诗》的自上而下的教化作用，其中尤其是『经夫妇、成孝敬、厚人伦、美教化、移风俗』，强调了统治者应通过《诗》来向百姓作潜移默化的伦理道德教育，使之成为一种社会风尚，从而有利于社会秩序的建立与统治的巩固。《毛诗序》的这一有关《诗经》教化的理论，无疑大大强化了《诗经》的社会功用，也大大提高了《诗经》的地位，使之成了统治者行使统治的必备工具，对后世产生了极大影响。

【故事】

《诗经》作为我国第一部诗歌总集，它的名字早已闻名中外。尹吉甫作为西周太师，后世尊称他为中华诗祖。

相传，『诗经』的采风者、编纂者，就是中华诗祖、2800多年前辅佐周宣王，被赞颂为『文武吉甫，万邦为宪』『吉甫作诵，穆如清风』的西周太师尹吉甫。

国学大师范文澜著《中国通史》中说：周时国家养活贫穷无子老年男女，到乡间收集新诗歌，从乡送到邑，邑送到国，国送到天子。天子有掌音律的大乐官叫作太师。太师选择新诗歌若干篇，修正章句和音乐，给天子演奏后，流传到四方。《诗经》十五国风中很多诗篇是这样得来的。

尹吉甫不仅是《诗经》的采风者、编纂者，

而且是卓越的思想家、政治家、文学家、音乐家……

除了政绩显著，他还是西周大诗人，他的多篇政治抒情诗保存至今，或美或讽，在思想和艺术上已相当成熟，比战国时代楚国的屈原要早512年。

《诗经》已产生有几千年时间，其相关民歌至今仍在尹吉甫故地房县民间口头传唱。研究人员在搜集整理房县传统民歌时，在房县九道乡发现农民杨家管会唱民歌《年年难为姐做鞋》，其歌词是：『关关雎鸿（哎）一双鞋（哟），在河之洲送（哦）起来（咯哟），窈窕淑女（哟）难为你（耶），君子好逑大不该，（我）年年难为姐（哟）做鞋（晰哟）。』

尹吉甫也是尹姓族、吉姓族人共同的太始祖。尹吉甫奉周宣王命与南仲出征猃狁，获大胜，反击到太原（今山西太原西南）附近。后又发兵南征，对南淮夷征取贡物，深受周王室的倚重尹吉甫晚年任周幽王佐命之臣，最终因岁数过高，无疾而终。

据资料显示，十堰市民俗学会和房县榔口乡申报的《尹吉甫传说》于2007年6月被列为湖北省非物质文化遗产。

【原文】

子曰："色厉而内荏，譬诸小人，其犹穿窬[①]之盗也与？"

子曰："乡愿[②]，德之贼也。"

子曰："道听而途说，德之弃也。"

子曰："鄙夫可与事君也与哉？其未得之也，患不得之[③]。既得之，患失之。苟患失之，无所不至矣。"

子曰："古者民有三疾，今也或是之亡也。古之狂也肆[④]，今之狂也荡；古之矜也廉[⑤]，今之矜也忿戾；古之愚也直，今之愚也诈而已矣。"

【注释】

①穿窬：穿洞。窬，同"逾"，越墙。

②乡愿：类似于现在所说的老好人。

③患不得之：原无"不"，"不"字为后人所补。

④肆：不拘小节。

⑤廉：棱角峭厉。

【译文】

孔子说：『外表声色严厉而内心怯弱，若用坏人做比喻，大概像个挖洞跳墙的小偷吧！』

孔子说：『乡里的好好先生，是损害德行的人。』

孔子说：『道听途说，是遗弃德行。』

孔子说：『鄙陋的家伙能和他一起侍奉国君吗？他在尚未得到时担忧得不到，已经得到了又担忧失去。倘若担忧失去，什么事都会干得出来。』

孔子说：『古时候民众有三项缺点，现在恐怕连这些缺点都没有了。古时候的狂不拘小节，现在的狂放荡无礼；古时候的矜持方正峭厉，现在的矜持蛮横胡闹；古时候的愚昧正直，现在的愚昧只是欺诈而已。』

【品读】

一个传闻，入乎耳，出乎口，不经过考证和内心思考就说出去，实在是轻率和不负责任的行为。

现实中，真正明智的人是不会相信它的，而真正有道德的人，也是不会去煽风点火的。但不幸的是，一些道听途说的事却总是具有非同寻常的杀伤力。

绝大部分道听途说的事情，真实性可能都大打折扣。但偏偏还是有很多人喜欢传播各种小道消息，看着流言闹得满城风雨，这种人的心理是很卑劣的。听信流言、传播蜚语的害处，轻则歪曲事实，重则软刀杀人。这种行为，无论是从道德上还是在现实中，都是应当摒弃的。

【故事】

战国时，魏国有一个叫庞葱的重臣。有一年，他奉命陪世子到赵国都城邯郸做人质。出发前，庞葱对魏王说：『大王，如果有人告诉您，街市上有一只虎，您相信吗？』

老虎招摇过市，魏王当然不信，便回答：『怎么可能有这种事？寡人不信！』

庞葱又说：『如果又有一个人告诉您，街市上果然有一只虎，那大王信吗？』

魏王想了想，说：『嗯，这就值得考虑了！』

『如果再有一个人说同样的话呢？』

『嗯，如果三人都这么说，那应该是真的。』

听完魏王的回答，庞葱说出了真意，他说：

『事实上，街上并没有老虎，只是以讹传讹而已。大王何以信之呢？是因为说的人多了。现在我与世子背井离乡，去远在千里之外的赵国当人质，我们在那里的情况大王无法准确了解到，说不定会有人传出「市有一虎」般的谣言，大王难道要相信吗？所以为了保证世子将来能顺利回国继承大统，请大王让三个人传言大众，说我只是离开了都城，并不是去邯郸。』

魏王不以为然。庞葱陪世子去赵国做人质后不久，便有人暗中中伤庞葱，说他企图拥立世子，怀有二心，图谋不轨。说的人多了，魏王居然信以为真，命世子归国，而庞葱也不再被重用。

虽然庞葱已事先给魏王打了『预防针』，但

也难逃『众口铄金』的命运，可见流言的破坏力之大。

魏王轻信流言，很显然是不明智的。要做一个明智的人，就不要随便传播流言，也不要轻易听信流言。

【原文】

子曰：『巧言令色[1]，鲜矣仁。』

子曰：『恶[2]紫之夺朱也，恶郑声之乱雅乐也，恶利口之覆邦家者。』

子曰：『予欲无言。』

子贡曰：『子如不言，则小子何述焉？』

子曰：『天何言哉？四时行焉，百物生焉，天何言哉？』

孺悲[3]欲见孔子，孔子辞以疾。将命者[4]出户，取瑟而歌，使之闻之[5]。

宰我问：『三年之丧，期已久矣。君子三年不为礼，礼必坏；三年不为乐，乐必崩。旧谷既没，新谷既升，钻燧改火，期可已矣[6]。』子曰：『食夫稻[7]，衣夫锦，于女安乎？』曰：『安。』『女安，则为之！夫君子之居丧，食旨[8]不甘，闻乐不乐，居处不安[9]，故不为也。今女安，则为之！』宰我出。

子曰："予之不仁也！子生三年，然后免于父母之怀。夫三年之丧，天下之通丧也。予也有三年之爱于其父母乎？"

【注释】

①令色：面貌伪善。

②恶：憎恨，厌恶。

③孺悲：鲁国人。据《礼记·杂记》记载，鲁哀公曾派他向孔子学习丧礼。

④将命者：传话的人。

⑤使之闻之：孺悲可能在什么地方得罪了孔子，所以孔子不想见他。

⑥钻燧改火，期可已矣：古代钻木取火所用的木头，四季各异，一个季节换一种，一年轮一遍。期，通"朞"，一周年。

⑦食夫稻：吃稻米。古代北方，水稻是难以得到的珍贵食品。

⑧旨：滋味美，此指味美的食物。

⑨居处不安：居处，指住在平日住的房子里。古代居丧，要住在临时搭的棚子里。

【译文】

孔子说：『花言巧语、仪容伪善，几乎就不具备仁了。』

孔子说：『我憎恨紫色排挤了大红色，憎恨郑地的歌曲扰乱了典雅的音乐，憎恨巧嘴利舌颠覆了国家与世族的人。』

孔子说：『我想不说话了。』

子贡说：『老师如果不说话，我们这些后生传述什么呢？』

孔子说：『上天说了什么呢？四季运行，万物生长，上天说了什么呢？』

孺悲想见孔子，孔子推托得了病。传话的人出了房门，孔子取来瑟弹唱，让孺悲听见。

宰我问道：『为父母守孝三年，时间太久了。君子三年不习礼仪，礼仪一定会败坏的；三年不演习音乐，音乐一定会被忘记。陈谷子吃完了，新谷子已经登场了，取火用的木头已经轮过一遍，守孝一年也就可以了吧？』孔子说：『丧期里，你吃稻米、穿锦衣，心安吗？』宰我说：『心安。』孔子说：『你心安，那你就这么做吧！君子居丧时，吃美味的东西也不香甜，听音乐也不快乐，住在家里也不舒服，所以才不那么做。如今你心安，你就那么做吧。』宰我走后，孔子说：『他真是不仁呀！儿女出生三年，才能够脱离父母的怀抱。为父母守孝三年，天下的人都是这么做的。宰我对他父母是不是也有三年的爱呢？』

【品读】

孔子憎恨那些花言巧语、仪容伪善的人，认为是这些人颠覆了国家与世族。汉徐干《中论·考伪》：『人徒知名之为善，不知伪善者为不善也。』一个人所表现的善良，可能是假装出来的是带有某种目的的。在你困难的时候，向你伸出手的人，不一定真想帮你，也许只是想让你看到他帮你的样子。

带有功利性的伪善，迟早逃不过别人的眼睛。

【故事1】

战国时候，有一次，齐宣王正端坐在堂上读书。

这时，有一个仆人牵着一头牛从堂下经过。

宣王听见声响，放下书本，看见那头牛浑身颤抖，一副害怕的样子，便问牵牛的仆人，说：『你把这头牛牵到哪儿去？』

仆人回答说：『今天是祭祀的日子，牵去杀了祭钟。』

齐宣王再看那头牛哆哆嗦嗦的可怜相，心里顿时涌起怜悯之心，便对那牵牛的说：『你放了它吧！看它那哆嗦可怜的样子，毫无罪过，却被送进屠场，我实在不忍心。』

仆人听了，反问道：『那么今后是不是就不要再祭钟了？』

齐宣王说：『我不是这个意思，钟还是要祭的，那就换一头羊杀了来祭钟吧。』

『哦！』仆人明白了，齐宣王的慈善心，原来只不过是以羊换牛，以小易大，换汤不换药的骗人把戏！

现在人们常用『假仁假义』这个成语，来比喻虚假、伪装的仁慈善良。

【故事2】

有句歇后语说：诸葛亮吊孝——假仁假义，或装模作样。这句歇后语来源于《三国演义》。

东吴大都督周瑜，精通兵法，才智超群，只是肚量狭小，不能容人。他和诸葛亮共商破曹大计，可又想加害诸葛亮。周瑜攻打南郡时，曾身中毒箭。当诸葛亮趁乱用计先取南郡、荆州、襄阳后，周瑜一气之下箭伤复发。病中的周瑜仍想智取荆州，均被诸葛亮识破。周瑜一气再气，箭伤反复发作，在『即生瑜，何生亮』的怨恨声中死去。可以说，周瑜之死，一是因自己肚量狭小，技不如人产生的嫉恨，二是诸葛亮一再打击的结果。诸葛亮得知周瑜的死讯后，决定前去吊唁。刘备怕诸葛亮被害，派500军士保护他。在周瑜灵柩前，诸葛亮亲自祭酒，跪在地上诵读祭文，泪如泉涌，悲痛不已，东吴众将均被感动。鲁肃见诸葛亮如此悲痛，自言自语地说：『周瑜肚量狭小，自取灭亡。』

【故事3】

从前，有个人得到一只鳖，心里很想把它煮了吃，却又不愿意承担杀害生命的恶名。他就想了一个办法，烧了一锅滚烫的开水，又在开水锅上架了一根很细的竹子作为桥，和鳖约定说：『如果你能够从这个桥上爬过去，就放你一条生路。』

鳖明知主人是在玩弄诡计，但还是费尽力气，勉勉强强地从竹子上爬了过去。主人见自己的计谋没有得逞，又说：『啊，真不错，你能够爬过这座桥，真是太妙了！请再爬一次，我还想再看看。』伪善的人嘴里说的一套，心里想的却是另一套。

【原文】

子曰：『饱食终日，无所用心，难矣哉！不有博弈①者乎？为之，犹贤乎已②。』

子路曰：『君子尚勇乎？』子曰：『君子义以为上，君子有勇而无义为乱，小人有勇而无义为盗。』

子贡曰：『君子亦有恶③乎？』子曰：『有恶：恶称人之恶者，恶居下流而讪④上者，恶勇而无礼者，恶果敢而窒[5]者。」曰：「赐也亦有恶乎？」「恶徼[6]以为知者，恶不孙以为勇者，恶讦[7]以为直者。」

子曰：「唯女子与小人为难养也，近之则不孙，远之则怨。」

子曰：「年四十而见[8]恶焉，其终也已。」

【注释】

①博弈：下棋。

②贤：超过。已：止，什么都不干。

③恶：憎恶。

④讪：毁谤。

⑤窒：阻塞不通。

⑥徼：抄袭。

⑦讦：攻击、揭发别人的短处。

⑧见：相当于「被」。

【译文】

孔子说：『整天吃饱了饭，却没有一件事肯用心思，这还真难呢！不是有掷骰子下围棋之类的游戏吗？干干这些，也比什么都不干好。』

子路说：『君子崇尚勇猛吗？』孔子说：『君子认为义是最重要的。如果君子有勇而无义就会叛乱，小人有勇而无义就会成为强盗。』

子贡说：『君子也有憎恶吗？』孔子说：『有憎恶：憎恶说别人坏话的人，憎恶身居低位而毁谤地位比他高的人，憎恶勇猛却不讲礼义的人，憎恶自以为是、蛮干到底的人。』孔子又说：『赐，你也有憎恶吗？』子贡说：『我憎恶抄袭别人成果却自认为聪慧的人，憎恶不谦逊而

自认为勇敢的人，憎恶揭发别人隐私却认为是说直话的人。』

孔子说：『只有女人和小人最难相处，与他们亲近些就会对你放肆无礼，与他们疏远了又会怨恨你。』

孔子说：『一个人活到四十岁还被人讨厌，他这一辈子也就这样了。』

【品读】

什么是勇敢？有人认为，有勇气去做别人不敢做的事情，就是勇敢；或者敢于去做危险的事就是勇敢。实则不然，那只是逞一时之强的匹夫之勇。勇武要以道义作为基础，被称为美德的『勇』应该和『义』结合起来。一旦脱离了道义，『勇』就会失去方向。此章与『君子义以为质，礼以行之，孙以出之，信以成之』同源共流，说明道义是君子一切言行的最高原则。

【故事】

春秋时，齐国有田开疆、古冶子、公孙捷三勇士，很得国王齐景公宠爱。这三人结义为异姓兄弟，自诩是『齐国三杰』。他们挟功恃宠，横行霸道，目中无人，甚至在国王面前也『你我』称呼起来。这时，乱臣陈无宇、梁邱据等乘机收买了他们，预谋把国王推翻，夺取政权。

相国晏婴看不过去这种恶势力逐渐扩大。他明白奸党的主力在于武力，三勇士就是王牌。他屡次想把三人除掉，但三人正得宠，怕直接行动齐王不依从，反而弄巧反拙。

有一天，邻邦的国王鲁昭公带了司礼的臣子叔孙来访问，谒见齐景公。景公立即设宴款待，叫三位勇士奉陪左右。三人威武十足，摆出不可一世的骄态。

酒过三巡，晏婴上前奏请，说：『御园里的金桃熟了，可否摘些来宴客？』

景公答应了，于是晏婴亲自去摘桃。一会儿，金桃摘回来了，装在盘子里，每个有碗口般大，香喷喷的，但只有六个。

晏婴解释说：『树上还有三四个未成熟，只可摘六个！』

两位国王各拿一个吃了起来，互相赞赏着。景公乘兴奖励给叔孙和晏婴每人一个。盘里只剩下两个金桃了，晏婴复请示景公，传谕两旁文武官员，让各人自报功绩，有功深劳重者得食此桃。

勇士公孙捷乃挺身而出，激昂地自夸起来，口沫横飞地说：『从前我跟主公在桐山打猎，亲手打死了一只吊睛白额虎，解了主公的围，这功劳大不大呢？』

晏婴连忙说：『擎天保驾之功，应该受赐！』

公孙捷很快把金桃咽下肚里去，翻开傲眼向左右横扫一下。古治子不服气也站起来说：『打虎有什么了不起！我当年在黄河的惊涛骇浪中，浮沉九里，斩恶龟之头，救回主上一命，你看这功劳怎样？』

景公接口就说：『真是难能，那次若不是将军，恐怕一船人都要溺死了！』又把金桃和酒赐给他。

可是，另一位勇士田开疆却气冲冲地发起牢骚来了。他说：『本人曾奉命去攻打徐国，俘虏了五百多人，逼徐国纳款投降，威震邻邦，使他们纷纷上表朝贡，为国家奠定了盟主地位。这算不算功劳？能不能受赐呢？』

晏婴立刻回奏景公说：『田将军的功劳，确比公孙捷和古治子两位将军大十倍，可惜金桃已赐完了，可否先赐一杯酒，待金桃熟时再补赐吧！』

景公安慰田开疆说：『田将军！你的功劳最大，可惜你说得太迟了。』

田开疆再也听不下去了，忍不住气愤地按剑大声嚷了起来：『斩龟打虎，有什么了不起？我为国家跋涉千里，血战功成，反被冷落，而且在两国君臣之间受此侮辱，为人耻笑，还有什么面子站在朝廷上呢？』随即拔剑自刎而死。

公孙捷大吃一惊，亦拔剑而出，说：『我们功小而得到赏赐，田将军功大反而吃不着金桃，

于情于理，绝对说不过去！』手起剑落，也自杀了。古冶子跳了出来，激动得几乎发狂说：『我们三人是结拜兄弟，誓同生死，今两人已亡，我又岂可独生？』

话刚说完，人头已经落地，景公想制止也来不及了。

自此以后，晏婴又把奸党逐个收拾，施展了他的伟大抱负。

齐国三位武夫，无论是打虎斩龟，还是领兵作战，确实称得上勇敢，但那只是匹夫之勇，所以在晏婴真正的大智大勇中败下阵来。两个桃杀了三个武士，只因他们不能克制自己的骄悍之勇，才被晏婴利用了。